Ein PzKpfw IV Ausf. G sichert die Flanke, während ein gepanzertes Aufklärungsfahrzeug (SdKfz 263) repariert wird. Der Panzer IV „Langrohr" gehörte zu den wichtigsten deutschen Kampfpanzern und war bis Kriegsende im Einsatz. Dieser Panzer gehörte der 1. SS-Panzerdivision „Leibstandarte" an. (Wilhelm)

Die Panzer des Zweiten Weltkriegs

Die Panzer des Zweiten Weltkriegs

Achsenmächte und Alliierte

IMPRESSUM

Verantwortlich: Martin Distler
Lektorat: Stefan Krüger
Schlusskorrektur: Pia Hildesheim
Layout und Satz: Elke Mader
Repro: Cromika, Verona
Herstellung: Anna Katavic
Printed in Slovenja by Korotan, Ljubljana

★★★★★

Sind Sie mit diesem Titel zufrieden? Dann würden wir uns über Ihre Weiterempfehlung freuen.
Erzählen Sie es im Freundeskreis, berichten Sie Ihrem Buchhändler, oder bewerten Sie das Werk online.
Und wenn Sie Kritik, Korrekturen oder Aktualisierungen haben, freuen wir uns über Ihre Nachricht an den GeraMond Verlag, Postfach 40 02 09, D-80702 München oder per E-Mail an lektorat@verlagshaus.de.

Unser komplettes Programm finden Sie unter

Alle Angaben dieses Werkes wurden sorgfältig recherchiert und auf den neuesten Stand gebracht sowie vom Verlag geprüft. Für die Richtigkeit der Angaben kann jedoch keine Haftung übernommen werden.

Sie sind auf der Suche nach weiterführender Literatur? Dann empfehlen wir Ihnen den Titel „Kampfpanzer Tiger" von T. Anderson. Oder Sie werfen einen Blick in unser Magazin MILITÄR & GESCHICHTE. Hier werden Sie bestimmt fündig!

Die Deutsche Nationalbibliothek verzeichnet diese Publikation in der Deutschen Nationalbibliografie; detaillierte bibliografische Daten sind im Internet über http://dnb.d-nb.de abrufbar.

© 2015 GeraMond Verlag GmbH

ISBN 978-3-86245-738-0

INHALT

Impressum	8
Panzerkrieg!	**10**
Genese: der Panzer durch die Jahrtausende	**16**
Sieg der Technik	18
Der Erste Weltkrieg	20
Die Zwischenkriegszeit	**26**
England	28
Frankreich	32
USA	39
Polen	43
Italien	46
Russland	50
Deutschland	57
Tschechoslowakei	68
Japan	71
Panzer im Einsatz	**74**
Japans Krieg in der Mandschurei	76
Italiens Kampf um Kolonien in Ostafrika	77
Der Spanische Bürgerkrieg	78
1939: Der Angriff auf Polen	82
April 1940: Unternehmen Weserübung	92
1940: die Invasion Frankreichs	96
Unternehmen Marita: der Balkanfeldzug	111
Unternehmen Sonnenblume: Afrika 1941	117
Barbarossa: Der Angriff auf die Sowjetunion 1941/42	123
Nordafrika 1942/43	136
Der Kampf im Osten 1943/44	146
Die Eroberung Italiens 1943 bis 1945	166
Von der Normandie nach Deutschland 1944/45	173
Der Krieg im Pazifik 1941 bis 1945	183
Ausblick: der lange Weg zum Hauptkampfpanzer	**196**
Nachkriegsentwicklungen in den USA	199
Sowjetunion, ein Nachfolger für den T-34	201
England, ein neuer Cruiser-Panzer	206
Frankreich, für die Nation	212
Deutschland, ein neuer Anfang	213
Bibliografie, Danksagung	217

Dieser M4 Sherman wurde mit einfachen Mitteln zum Raketenwerfer umgerüstet. 60 Rohre (Durchmesser 116 mm) wurden in einem Abschussrahmen auf den unveränderten Panzerturm montiert. Diese simple Lösung wurde nur im Zweiten Weltkrieg verwendet. (NARA)

Englische Panzer vom Typ Cruiser Mk V Covenanter auf dem Bahntransport. Von diesen Panzern wurden mehr als 1.000 Exemplare produziert, sie wurden nur zur Ausbildung in England verwendet. Ein eher ungewöhnliches Merkmal war die Lage des Motorlüfters, der links neben dem Fahrer untergebracht war. (Library of Congress)

Panzerkrieg!

Die Schlachtfelder des Zweiten Weltkrieges sollten vom Waffensystem Panzer dominiert werden. Der Einsatz dieser Fahrzeuge erlaubte eine bis dahin unbekannte Form der Kriegsführung. Unter dem Schutz ihrer Panzerung konnten die hochbeweglichen Fahrzeuge gegnerische Stellungen aufrollen und durchbrechen. Mithilfe der Bordwaffen wurde die feindliche Waffenwirkung ausgeschaltet. So war es der eigenen Infanterie möglich, dem Vormarsch unter geringen Verlusten zu folgen und den örtlichen Erfolg auszunutzen. Wo lagen die Ursprünge dieser Kampffahrzeuge? Wie entwickelte sich der Panzer bis zur zweiten Katastrophe des 20. Jahrhunderts? Und wie verlief diese Entwicklung unter dem Eindruck der Materialschlachten des Zweiten Weltkrieges?

PANZER, mittelhochdeutsch pancier, Panzer, Rüstung für den Leib, Leihwort aus dem französischen panciere, von altfranzösisch pance, für Wanst, Bauch, Bansen, aus lateinisch pantex für Wanst

Das Wort „Panzer" ist im deutschen Sprachraum negativ besetzt. Für die Nachkriegsgeneration steht der Panzer, mehr als jede andere Waffe, stellvertretend für die Gräuel des Krieges, für Gewalt und Tod. Ich möchte diese Haltung keinesfalls kritisieren oder anzweifeln. Krieg ist die größte Katastrophe, die Menschen anderen Menschen antun können.

Der technische Fortschritt brachte der Menschheit deutliche Verbesserungen. Er half Seuchen zu verhindern, Krankheiten zu heilen und Hungersnöte zu verhindern. Aber auch die Kriegsführung sollte dadurch grundlegend verändert werden. Von Albert Einstein sind die folgenden, sehr pessimistischen Worte überliefert:

„Ich bin nicht sicher, mit welchen Waffen der dritte Weltkrieg ausgetragen wird, aber im vierten Weltkrieg werden sie mit Stöcken und Steinen kämpfen."

Der Pessimismus des großen Physikers basierte auf großer Menschenkenntnis. Das Wesen des Menschen kann der Fortschritt allein wohl nicht ändern. Trotzdem liegt es an uns, kriegerische Konflikte zu verhindern oder wirksam einzudämmen.

Aufgabe der historischen Forschung ist, jede Facette der kulturellen Entwicklung zu beleuchten. Und diese Forschung sollte wertfrei und objektiv bleiben. Sie sollte sich jedoch nie von wie auch immer gearteten politischen Strömungen instrumentalisieren lassen. Der Umgang mit dem Krieg ist zu gefährlich, um ihn nostalgisch verklärten Nationalisten oder realitätsfremden Utopisten zu überlassen.

Dieses Buch versucht die Entwicklung des Panzers im Zweiten Weltkrieg möglichst genau, dabei aber nachvollziehbar zu behandeln. Die Entwicklung des Waffensystems „Panzer" wird chronologisch angegangen, seine Entwicklung durch die Industrien verschiedener Staaten über die Jahre beschrieben. Schwierigkeiten bereitet jedoch schon die Definition des Wortes „Panzer". Hauptsächlich werden solche Kampffahrzeuge miteinander verglichen, die als Hauptkampfpanzer den Kampf gegen gegnerische Panzer führen sollten. Diese klare Trennung gelingt nicht immer.

Es ist für das Verständnis der Thematik unabdingbar, das erste Auftreten von Panzern im großen Krieg 1914 bis 1918 anzusprechen, wie auch die dann folgende dynamische Entwicklung in der Zwischenkriegszeit. Dabei, das sollte dem geneigten Leser immer klar sein, wird dieses Waffensystem ebenso konzentriert wie isoliert betrachtet. Hier jedoch liegt ein grundsätzliches Problem, das leicht zu Missverständnissen führen kann. Die Reduzierung auf diese theoretischen Werte wird der Gesamtproblematik nicht gerecht. Es muss klar sein, dass wichtige Einflussgrößen wie die Qualität der strategischen und taktischen Führung, die technische Zuverlässigkeit oder essentiell wichtige Parameter wie die Versorgung mit Munition, Kraft- und Betriebsstoffen und Ersatzteilen ausgeblendet bleiben müssen.

Krieg ist kein Computerspiel, und der reine Vergleich technischer Daten ist nicht immer zielführend. Ein gutes Beispiel hierfür ist die Leistungsfähigkeit der Kanonen. Deutschland war 1941 in der Entwicklung rasanter Hochleistungskanonen sowie der dazugehörigen Munition führend. Die Hochleistungskanone des PzKpfw Panther, die 7,5 cm KwK 42 L/70, konnte mit der herkömmlichen Panzergranate **PzGr 39/42** auf 1.000 m noch 111-mm-Pan-

PANZERKRIEG! 13

„British Tanks at 5th Ave". Mit propagandistisch wirksamen Mitteln werden die USA ab 1916 auf den Kriegseintritt eingestimmt. (Library of Congress)

zerstahl durchschlagen. Deutlich besser war die **PzGr 40/42**, die 150 mm durchschlug. Diese Panzergranate hatte einen Wolframkern, der aufgrund seiner Härte tiefer eindrang. Wolfram war im Deutschen Reich ein Mangelstoff, die geringen verfügbaren Mengen ließen eine zuverlässige Versorgung nicht zu. Paradoxerweise war die Wirkung dieser Granate nach dem Einschlag im Panzer jedoch geringer als bei Beschuss mit der PzGr 39/42. Die ebenfalls verfügbare Hohlladungsgranate **Gr 39 Hl** hatte auf alle erreichten Entfernungen eine Durchschlagsleistung von 90 mm. Hohlladungen bilden beim Aufschlag einen Metallstachel, der die Panzerung unabhängig von der Auftreffgeschwindigkeit und Entfernung durchschlägt. Hohlladungsgeschosse sind nicht sehr rasant, daher haben diese eine deutlich verminderte Treffgenauigkeit. Originalberichte bezeugen, dass der Kommandant eines Panthers aus diesen Gründen im Allgemeinen die PzGr 39/42 bevorzugte.

Die in den Tabellen angegebenen Durchschlagsleistungen sind daher als Anhaltspunkte zu verstehen.

Im **Ersten Weltkrieg** konnte der Panzer, obwohl völlig unerwartet und durchaus mit Erfolg in den Kampf geworfen, diesen Krieg nicht allein entscheiden. Die Schlachten im Jahr 1918 waren jedoch vom Einsatz von Panzern geprägt. Wo Panzer zur Verfügung standen, wurden Schlachten gewonnen.

1940 sollten sich die deutschen Panzerverbände im Angriff auf Frankreich als unüberwindliche Angriffswaffe erweisen. Und das mit eher schwach bewaffneten und gepanzerten Kampffahrzeugen gegen einen zahlenmäßig deutlich überlegenen Gegner. Wie ist das zu erklären?

Die verblüffenden deutschen Erfolge in den ersten drei Kriegsjahren wurden durch ein unerhörtes Moment der Bewegung ermöglicht. Eine aufgeklärte untere Führung konnte im Wissen um die Fähigkeiten und Grenzen ihrer Panzer sowie unter Nutzung eines gut ausgebauten, funkgestützten Kommunikationssystems diese mit äußerster Effizienz einsetzen. Der Angriff am Boden wurde von einer gut aufgestellten Luftwaffe unterstützt. Dieser Kampf der verbundenen Waffen, dessen Theo-

US-amerikanische und russische Soldaten posieren nach dem Sieg über Deutschland auf einem T-34/85. (NARA)

rie im deutschen Heer des Kaiserreichs ihren Anfang nahm, um dann vom späteren General Guderian zur Perfektion weiterentwickelt zu werden, fasste die Vorzüge der verschiedenen Waffengattungen konsequent zusammen.

1944 verfügten die deutschen Streitkräfte über den vielleicht leistungsfähigsten Kampfpanzer, den PzKpfw V Panther, auch die leichteren Typen waren jedem gegnerischen Panzer gewachsen. An den Fronten in West, Süd und Ost hatten die deutschen Armeen eine eindeutige waffentechnische Überlegenheit, anders als vier Jahre zuvor. Warum also konnte sich das einst so erfolgreiche Konzept nicht mehr durchsetzen?

Die Antwort fällt leicht. Das Konzept des Einsatzes der verbundenen Waffen war nicht mehr anwendbar. Im Westen und Süden kämpften die deutschen Streitkräfte gegen einen Gegner, der die Lehren der frühen Kriegsjahre verstanden hatte. Die technische und taktische Überlegenheit der deutschen Panzerwaffe wurde durch die alliierte Lufthoheit und massive Artillerieschläge mehr als neutralisiert. Die begrenzten Mittel erlaubten keine wirkungsvollen, raumgreifenden Operationen.

Im Osten wurde der Kampf gegen die technisch-taktische Überlegenheit der Deutschen durch die unerhörte wirtschaftliche Kraft des sowjetrussischen Riesenreiches aufgewogen. Die schiere Masse an Mensch und Material war letztendlich mitentscheidend in diesem Krieg. Diese Gedankengänge vereinfachen den Sachverhalt sicherlich sträflich, sind deswegen aber nicht weniger stimmig.

Sprachregelung

Die technischen Spezifikationen wurden zum besseren Verständnis verallgemeinert. So wird das Kaliber deutscher Kanonen gemeinhin in cm angegeben, das der meisten anderen Nationen jedoch in mm. Das wurde so übernommen. England bevorzugte die archaisch anmutende Gewichtsangabe der Pulverladung.

Die bekannte 17-Pounder ist hierfür ein gutes Beispiel. In solchen Fällen wird das Kaliber in mm angegeben.

Die Leistungsfähigkeit rasanter Panzerkanonen lässt sich an der Kaliberlänge ablesen. Die Kaliberlänge beschreibt die Länge des Rohres im Verhältnis zum Kaliber. Eine Kanone mit 70 Kaliberlängen und einem Kaliber von 75 mm hat eine Länge von 5.250 mm (70 x 75 mm). Je länger das Rohr, desto durchschlagskräftiger die Kanone, so könnte die einfache Formal lauten. Auf die Angabe der Kaliberlänge wurde verzichtet. Gerade bei den deutschen Waffen wurden leichter verständliche Formulierungen wie „kurz", „lang" oder „überlang" verwendet. Diese Bezeichnungen sind im Übrigen authentisch, auch die Soldaten an der Front haben diese in ihren Stärkemeldungen genutzt (z.B. Pz IV kurz).

Die individuellen Bezeichnungen der Panzer wurden selbstverständlich so genau wie möglich angegeben.

Mengenangaben und technische Spezifikationen

Die angegebenen Stückzahlen wurden, wo immer möglich, offiziellen Dokumenten entnommen. Gerade die deutsche Bürokratie war sehr genau, vieles wurde bis heute in Archiven überliefert. Dieses „Kompliment" kann leider nicht auf alle Kombattanten angewendet werden, hier wurde die Literatur zu Rate gezogen, mithin also Informationen aus zweiter Hand.

Die technischen Daten der Panzer werden in Tabellen präsentiert. Diese wurden, wo immer möglich, Primärquellen entnommen (Bundesarchiv/Militärarchiv, National Archives). Diese Auswahl unterschlägt einige Typen, auch findet nicht jede kriegführende Nation Erwähnung. Dies dient der Übersichtlichkeit und somit einem besseren Verständnis. Zur Illustrierung dieses Buches wurden, soweit dies möglich war, nur Originalfotos aus den jeweiligen Epochen verwendet. Ich habe dabei im Wesentlichen Material aus Privathand nutzen können.

Deutschland führte 1940 Sturmgeschütze ein, die in einem flachen, gut gepanzerten Aufbau ein vergleichsweise großkalibriges Geschütz führten. Das Manko des stark begrenzten Seitenrichtfelds musste durch umsichtigen taktischen Einsatz ausgeglichen werden. (Anderson)

Auch im russischen Bürgerkrieg sollten Panzer Verwendung finden. Einige britische Mk V wurden an die weißrussischen Verbände geliefert und später von den revolutionären Bolschewiki erbeutet. Dieser Mk V Female war nur mit Maschinengewehren bewaffnet. (Netrebenko)

Genese: der Panzer durch die Jahrtausende

Die Geschichte zeigt, dass in jeder Phase des kulturellen Werdegangs des Menschen hochentwickelte Kulturtechniken hervorgebracht wurden. Tischler, Steinmetze, Gerber, Jäger – wer überleben oder gut leben wollte, musste sein Handwerk im besten Sinne des Wortes beherrschen. Viele alltägliche Gebrauchsgegenstände waren im alltäglichen Leben unerlässlich und Spitzenerzeugnisse ihrer Zeit. So war auch der Krieger als Teil eines Clans, eines Heerhaufens oder einer Armee angewiesen auf seine Waffen und seine Fertigkeit im Umgang mit diesen. Auch der Panzer, wie wir ihn kennen, gehörte zu jeder Zeit zu diesen technischen Spitzenerzeugnissen.

Sieg der Technik

Der Panzer, wie wir ihn kennen, ist gekennzeichnet durch drei bestimmende technisch-taktische Parameter:
Feuerkraft – Beweglichkeit – Panzerschutz

Unsere kurzsichtige Betrachtungsweise reduziert den Begriff Panzer allzu leichtfertig auf die Neuzeit – jene Periode in der Menschheitsgeschichte, die der Einzelne am ehesten überblicken kann, sei es durch eigene Erfahrungen oder durch Erinnerungen der unmittelbaren Vorfahren.

Tatsächlich ist die Entwicklung des Panzers wohl Jahrtausende alt. Seitdem der Mensch begann, über sich nachzudenken, führte er kriegerische Konflikte, um seine Interessen durchzusetzen. Dies scheint die unabdingbare Kehrseite unserer Zivilisation zu sein, vielleicht zugleich auch eine ihrer Grundfesten. Waffen waren immer dienlich, auf der Jagd den gewünschten Erfolg zu erlangen. Mit ihrer Hilfe konnte man aber auch den Rivalen töten.

Zunächst stand die Waffenwirkung (**Feuerkraft**) im Vordergrund. Der Urmensch, der als Erster eine Keule in der Hand hielt, hatte gegenüber einem Widersacher einen Vorteil. Diese Waffe konnte im Kampf entscheidend und mitunter tödlich sein. Wurfgeschosse konnten aus der Ferne wirken, Speere und Piken waren sicher wirkungsvoller als Steine. Eine umwälzende Verbesserung stellte die Erfindung des Bogens dar. Vielleicht kann man diese Waffe als Urvater unserer Feuerwaffen ansehen. Der Bogen konnte sowohl zur Jagd als auch als Kriegswaffe Verwendung finden. Ein geübter Schütze konnte ein Stück Wild auf größere Distanz erlegen, Hunderte von Bogenschützen konnten, taktisch artilleristisch eingesetzt, Schlachten entscheiden.

Der **Panzer** ist aus dem Verlangen entstanden, die Waffenwirkung des Gegners zu neutralisieren, dem eigenen Kämpfer somit Schutz zu bieten. Das war ein vergleichsweise einfaches Problem. Leder und Holz, später Metall und alle Spielarten der kombinierten Verwendung dieser Werkstoffe, standen dem einfallsreichen Erfinder schon früh als Körperschutz zur Verfügung. Auch Waffen waren in großer Vielfalt vorhanden.

Die zuverlässige und ausdauernde **Beweglichkeit** des bewaffneten und geschützten Kämpfers hingegen erforderte hingegen besondere Maßnahmen. Die Zähmung von Wildpferden erlaubte den Bau und Einsatz von Streitwagen. Diese meist zweirädrigen Gefährte wurden durch zwei oder drei Pferde gezogen und boten Platz für den Fahrer und ein bis zwei Krieger. Der Einsatz von Streitwagen erlaubte schnelle Vorstöße über verhältnismäßig große Entfernungen. Streitwagen konnten die Reihen der feindlichen Infanterie durchbrechen und in Unordnung bringen.

Chinesische Schriftstücke belegen den Einsatz solcher Streitwagen vor mehr als 4500 Jahren. Die Bibel beschreibt ähnliche „Waffensysteme" um ca. 1700 vor Christi Geburt. Wie der Panzerkampfwagen der Neuzeit waren diese Gefährte Produkte damaliger Hochtechnologie.

Jede neue Waffe zieht die Entwicklung von Gegenmaßnahmen nach sich. Pfeil und Bogen konnten, in großen Mengen abgefeuert, den Ansturm der Streitwagen stoppen. Zugpferde, Fahrer und Krieger konnten verletzt oder getötet werden.

Die Erhöhung der Feuerkraft führte dann zur Entwicklung der Rüstung. Wohl konnte so die Waffenwirkung bis zu einem gewissen Maße neutralisiert werden, dies aber um den Preis einer deutlich verminderten Beweglichkeit. Die Entwicklung des Langbogens sowie später der Feuerwaffen machte schließlich die schweren Rüstungen obsolet.

Die Belagerungsmaschinen des Mittelalters waren ein weiterer Versuch, die Wirkung der eigenen Waffen unter Schutz an den Feind zu bringen. Diese mitunter kruden Konstruktionen nahmen die Grundidee des modernen Panzers vorweg. Die beweglichen Kampfmaschinen wurden weiterentwickelt, große Erfinder wie da Vinci ersannen ihre furiosen Visionen.

Mit der Erfindung von James Watts Dampfmaschine kam das Problem der Kraftentwicklung für bewegliche Kampfmaschinen der Lösung ein Stück näher, bereits 1769 ersann Cugnot einen Dampfwagen. Eine militärische Nutzung der Idee folgte unausweichlich.

Die Industrielle Revolution

Die Industrialisierung sollte ab Mitte des 19. Jahrhunderts die Kriegsführung mit zuneh-

SIEG DER TECHNIK

Das Maschinengewehr, hier ein deutsches MG 08/15 bei einem Manöver der Reichswehr, sollte die bisherige Kampfführung im Ersten Weltkrieg infrage stellen. Ein MG-Schütze konnte die Feuerkraft einer herkömmlichen Kompanie entwickeln. Jede Bewegung erstarrte in den Stellungsgräben. (NARA)

mender Dynamik bestimmen. Bahnbrechende technische Neuerungen beeinflussten nahezu alle Facetten der herkömmlichen Kriegslehre.

Zunächst revolutionierte der Aufbau flächendeckender Eisenbahnnetze das Transportwesen. Die schnelle Verlegung großer Truppenteile sowie der Transport von Nachschub und schwerem Kriegsgerät waren nun leicht möglich.

Die neu entstandenen Waffenschmieden – Großunternehmen, die zum Teil auch international agieren sollten – schufen in kurzer Zeit neue, immer effektivere Feuerwaffen. Die Infanterie „profitierte" von Hiram Maxims Erfindung des Maschinengewehrs. Waren die bisherigen Gefechtstaktiken (Lineartaktik, danach Kolonnentaktik) durch die noch beschränkte Wirkung der kleinkalibrigen Feuerwaffen bestimmt, so sollte die Entwicklung von Maschinenwaffen zur Wende vom 19. zum 20. Jahrhundert eine weitere, große Zäsur darstellen.

Die Rolle der Artillerie war bis Ende des 19. Jahrhunderts auf die direkte Bekämpfung angreifender Infanterie oder Reiterei und auf die Zerstörung befestigter Plätze und Mauern beschränkt. Sie wirkte somit nur auf kurze Distanzen. Im Laufe der Industrialisierung konnte die Wirkung der Artillerie maßgeblich gesteigert werden. Dank der entstehenden Rüstungsindustrie waren die Nationalstaaten nun in der Lage, Geschütze in großen Stückzahlen wirtschaftlich zu produzieren. Die Wirkung im Ziel konnte ebenfalls dramatisch verbessert werden. Neben der Optimierung der Munition war dies durch Entwicklung und Einführung des hydraulischen Rohrrücklaufs möglich. Bisher waren die Rohre fest mit den tragenden Teilen des Geschützes, der Lafette, verbunden. Die beim Schuss entstehenden Rückstoßkräfte warfen das Geschütz oft um mehrere Meter zurück. Die Besatzung war gezwungen, das Geschütz in die alte Stellung zurückzuschieben und neu auf die vermessenen Festlegepunkte einzurichten. Ein hydraulischer Rohrrücklauf, oder besser Rohrbremse, konnte diese Kräfte auffangen, das Geschütz blieb in der vermessenen Feuerstellung. Der Richtkanonier musste nur noch leicht nachjustieren.

In der Summe bedeutete der technische Fortschritt für die Artillerie eine wesentliche, wenn nicht revolutionäre Verbesserung ihrer Möglichkeiten. Sowohl Feuergeschwindigkeit als auch Trefferwahrscheinlichkeit konnten drastisch verbessert werden.

Waren der Beweglichkeit schwerer und schwerster Geschütze bisher enge Grenzen gesetzt, so erlaubte die Erfindung des Verbrennungsmotors den Transport immer größerer Geschütze, sowohl für die Feld- als auch für die Belagerungsartillerie. Die beginnende Motorisierung ermöglichte schließlich auch den Bau gepanzerter Kampffahrzeuge. Einfache Panzerwagen, basierend auf handelsüblichen Pkw oder Lkw, wurden schon bald von vielen Nationen in großen Stückzahlen gebaut. Diese Fahrzeuge blieben jedoch Straßen-Panzerwagen, da sie über keine nennenswerte Geländegängigkeit verfügten.

Der Erste Weltkrieg

In der Katastrophe des Ersten Weltkrieges wurden Maschinengewehre erstmals im großen, schlachtentscheidenden Maß eingesetzt. Schlachtentscheidend insofern, als dass eine Entscheidung auf dem Gefechtsfeld nicht mehr möglich war. Die hohe Feuerfolge der in Stellungen eingebauten Maschinenwaffen brachte jeden herkömmlichen Angriff zum Scheitern. Trotzdem wurde gestürmt, ganze Generationen verbluteten auf den Schlachtfeldern in Flandern und vor Verdun. Der französische General Buat schrieb 1919 von seinen Erfahrungen:

„Von den zwei Elementen der Taktik hatte bisher nur eines von der Maschine Nutzen: nämlich das Feuer. Es hatte sogar so viel Nutzen, dass die Bewegung nahezu aufhörte. Das Pferd wurde ganz ausgeschaltet. Der Kämpfer musste sich eingraben. Er konnte sich nur noch bewegen, wenn alle Feuerwaffen des Gegners ausgeschaltet waren. Nun gibt das Erscheinen des Motors auf dem Schlachtfelde der Bewegung ihre ganze Bedeutung zurück …"

Der berühmte deutsche Soldat Heinz Guderian führte diese Gedanken in seinem Buch „Die Panzertruppen" mit zwingender Logik weiter:

„Die Panzerung, die durch Motorenkraft bewegt wird, schützt Waffen und Kämpfer weitgehend. Panzerung, Bewegung und Feuer sind die wesentlichsten Kennzeichen der neuen Angriffswaffe für den Erdkampf …"

Der Erste Weltkrieg, der „große" Krieg, sollte den Gedanken eines motorisierten gepanzerten Kampffahrzeuges vorantreiben. Nach einem Jahr Stellungskrieg regten einige weit vorausschauende Militärs und Politiker in England (Churchill, Haigl), gegen durchaus heftigen Widerstand konservativer Kreise, im Militär die Entwicklung eines gepanzerten, geländegängigen Kampffahrzeuges an. Damals entstand der Name „Tank" aus einer Tarnbezeichnung. Somit kann die „Erfindung" des Panzers, im Sinne einer konsequenten Umsetzung dieser Idee, den Engländern, und in der Folge den Franzosen zugeschrieben werden.

Großbritannien

Im Juli 1915 konnte in England „Little Willie" vorgestellt werden, ein motorisiertes, kastenförmiges Fahrzeug auf Gleisketten. Obwohl unbewaffnet, überzeugte der Panzer durch seine Fähigkeit, Krater und andere Geländehindernisse zu überqueren. Im Februar 1916 wurde dann „Mother", eine größere und bewaffnete Weiterentwicklung, der Admiralität und dem Kriegsministerium vorgeführt. Daraus entstand der Tank Mk I, der in zwei Varianten produziert wurde. Grundsätzlich war die Bewaffnung in zwei seitlich angebrachten Erkern untergebracht. Bei „weiblichen" Panzern waren zwei MG pro Erker, bei „männlichen" je zwei Geschütze und zwei MG montiert.

Die ersten 50 Mk I wurden unmittelbar nach ihrer Ankunft im September 1916 in Frankreich an der Somme eingesetzt, entgegen der Warnungen der Fachleute. Der Einsatz war

Typ	Tank Mk I „Male"	Tank Mk I „Female"
Bewaffnung	Zwei 6-pdr.-Kanonen 4 MG	6 MG
Besatzung	8	8
Panzerung, frontal	10 mm	10 mm
Gewicht	31 t	30 t
Motorleistung	105 PS	105 PS
Höchstgeschwindigkeit	6 km/h	6 km/h
Leistungsgewicht	3,4 PS/t	3,5 PS/t
Bodendruck	k.A.	k.A.
Reichweite	bis 20 km	bis 20 km
Gebaute Stückzahl	75	75

DER ERSTE WELTKRIEG 21

Die ersten Panzerkampfwagen wurden von den Briten entwickelt und auf dem Gefechtsfeld eingesetzt. Äußerlich waren die verschiedenen Tanks sehr ähnlich. Hier demonstriert ein Mk V seine Fähigkeiten, ein flacher Panzergraben wird leicht überwunden. Auf dem Rahmengestell ist ein Kletterbalken sichtbar, der an der Kette befestigt werden konnte. (Anderson)

schlecht geplant, das Gelände nicht panzergünstig, die eigene Infanterie kaum vorbereitet. Die englischen Panzer hatten hohe Verluste – konnten aber ihre Fähigkeiten ausspielen. Sie bewiesen, dass ein taktisch geschickt geplanter Panzerangriff den festgefahrenen Stellungskrieg durchbrechen konnte! In die Nachfolgemodelle Mk II bis Mk V flossen Verbesserungen ein, Einsatzgrundsätze wurden ermittelt und stetig optimiert.

Frankreich

In der Zwischenzeit konnte Frankreich gleichziehen, auch hier wurden verschiedene Panzertypen entwickelt. Hier stach besonders der leichte Renault FT-17 heraus, ein zukunfts-

Der leichte französische Panzer FT 17 war von gänzlich anderer Konzeption. Mit zwei Mann besetzt, verfügte er über einen Drehturm. Die Waffe konnte somit unabhängig von der Bewegung des Panzers eingesetzt werden, ein zukunftsweisendes Merkmal. (Anderson)

GENESE – DER PANZER DURCH DIE JAHRTAUSENDE

Hier demonstriert der FT-17 seine Geländegängigkeit. Immun gegen Beschuss aus Infanteriewaffen, kämpft sich der Panzer seinen Weg durch die Stellungsgräben. (Anderson)

Typ	Char Renault FT-17
Bewaffnung	37 mm oder 1 MG
Besatzung	2
Panzerung, frontal	22 mm
Gewicht	7 t
Motorleistung	35 PS
Höchstgeschwindigkeit	20 km/h
Leistungsgewicht	5 PS/t
Bodendruck	k.A.
Reichweite	bis 35 km
Gebaute Stückzahl	3.700

weisender beweglicher Kleinpanzer mit Drehturm. Von diesem Typ wurden 3.700 Exemplare produziert.

Englische und französische Einheiten gingen nun bei groß angelegten Angriffen mit teils mehr als 500 eingesetzten Panzern in die Offensive. Wenn die neuen Waffen ihren taktischen Fähigkeiten entsprechend eingesetzt wurden und das Gelände geeignet war, dann konnten bemerkenswerte Erfolge erzielt werden. Der Tank, der Char de Combat oder der Panzerkampfwagen hatte sich auf dem Gefechtsfeld durchgesetzt. Der Siegeszug des Panzers begann. Die Frage hingegen, ob der Einsatz von Panzern im Ersten Weltkrieg kriegsentscheidend war, ist bis heute nicht vollständig geklärt. Aber sie haben definitiv zum Sieg der Entente und zur Niederlage des Deutschen Reichs beigetragen.

Deutsches Reich

Das Deutsche Reich begann zu spät mit der Entwicklung von Kampfpanzern. Es galt, technisches Neuland zu beschreiten. Die Ingenieure blickten nach vorn und lieferten wie in England brauchbare technische Lösungen. Der Widerstand eines konservativen, dem alten Denken verhafteten Generalsstabs aber bremste diese Entwicklungen. Vom einzigen Modell, dem Sturmpanzerwagen A7V, konnten bis Kriegsende lediglich 20 Exemplare gebaut werden.

Der deutsche A7V war von recht einfacher Konstruktion, hier eine Ansicht von hinten rechts. Der voluminöse kastenförmige Aufbau bot Platz für 16 Mann. Die Hauptbewaffnung war in Fahrtrichtung lafettiert, rundum waren sechs MG eingebaut. (Von Aufseß)

DER ERSTE WELTKRIEG 23

Dieses bemerkenswerte Bild zeigt einen A7V während des Bahntransports. Der Aufbau für den Kommandanten und den Fahrer wurde abgeklappt. Das einfache Fahrwerk ist gut erkennbar. Links im Bild ist die Hauptbewaffnung sichtbar. (Anderson)

Vereinigte Staaten von Amerika

Die Vereinigten Staaten traten erst spät auf Seiten der Entente in den Ersten Weltkrieg ein. Zunächst bestand die Hilfe der USA nur aus Materiallieferungen, doch wurden ab April 1917 auch Truppen entsandt. Bereits 1918 waren knapp eine Million amerikanische Soldaten auf dem Kontinent stationiert.

Offensichtlich beeindruckt von den Leistungen der modernen Panzer, verlangte der amerikanische Oberbefehlshaber Pershing de-

Typ	Sturmpanzerwagen A7V
Bewaffnung	57 mm und 6 MG
Besatzung	16
Panzerung, frontal	30 mm
Gewicht	30 t
Motorleistung	2 x 100 PS
Höchstgeschwindigkeit	16 km/h
Leistungsgewicht	6,6 PS/t
Bodendruck	k.A.
Reichweite	bis 70 km
Gebaute Stückzahl	20

Wagen „502" in Bewegung! Die Einstiegstür und alle Luken stehen weit offen, im Inneren herrschten höllische Temperaturen. (Von Aufseß)

Dieser Liberty Tank durchquert einen lichten Wald in den Vereinigten Staaten, sicherlich eher ungeeignetes Gelände. Die diversen um den Panzerkasten herum angeordneten Waffen sind gut sichtbar (Library of Congress)

ren schnellstmögliche Anschaffung für die US Army. Offizielle amerikanische Stellen traten an die englische und französische Regierung heran. Zunächst wurde Pershing autorisiert, 600 Panzer der neuesten britischen Entwicklung, des MK VI, zu bestellen. Nach eingehenden Tests wurde diese Bestellung wieder annulliert.

Nun begannen Bestrebungen, gemeinsam mit den Engländern einen neuen Kampfpanzer zu entwickeln. Der Tank Mk VIII, auch Liberty Tank genannt, entsprach im Prinzip dem aktuellen britischen Modell, dem Tank Mk V. Die Motorleistung jedoch konnte deutlich gesteigert werden. Die Fahrerkabine auf dem Dach des Panzers wurde vergrößert und in Verbindung mit einer leistungsstärkeren Lüftungsanlage ergab sich somit eine wesentliche Verbesserung der Kampfbedingungen.

Die Pläne waren ambitioniert. 1.500 Panzer sollten in einem eigens in Frankreich aufgezogenen Werk gebaut werden. England sollte die Geschütze, die Munition und die Panzerplatten liefern. Die USA waren für Motoren und Getriebe sowie Schmiedeteile zuständig. Im Januar 1918 wurden die Verträge unterzeichnet. Die eigentlich in England geplante Produktion des Mk VI wurde gestrichen, da nun der Mk VIII als internationale Entwicklung zur Verfügung stand.

Die Panzerwanne des Prototyps wurde in England gebaut und in die USA verschifft, wo er in Handarbeit vervollständigt wurde. Dann endete der Krieg, die Pläne waren Makulatur.

Typ	Tank Mk V	Tank Mk VIII Liberty
Bewaffnung	Zwei 6-pdr.-Kanonen 4 MG	Zwei 6-pdr.-Kanonen 7 MG
Besatzung	8	8
Panzerung	16 mm	16 mm
Gewicht	29 t	38 t
Motorleistung	150 PS	300 PS
Höchstgeschwindigkeit	8 km/h	9 km/h
Leistungsgewicht	5,1 PS/t	7,9 PS/t
Bodendruck	k.A.	k.A.
Reichweite	bis 70 km	bis 50 km
Gebaute Stückzahl	400	125

Eine Kolonne M 1917 Light Tanks auf dem Übungsgelände. Der Kommandant des ersten Panzers scheint ein Schläfchen zu halten. Rechts ist ein Mk VIII Liberty Tank zu sehen. (Library of Congress)

Der amerikanische Mk VIII wurde erfolgreich getestet, die Fertigung von 100 Panzern für das Tank Corps wurde beschlossen und ausgeführt. Die Mk VIII wurden in einer Einheit zusammengefasst, ein Einsatz erfolgte nicht mehr. 1932 wurden sie ausgemustert und in einem Depot gelagert. Kanada kaufte die Panzer 1940 zum Schrottpreis.

Auch in England wurde beschlossen, den Mk VIII zu bauen. 1.400 Panzer wurden bestellt. Nach Kriegsende wurde auch dieser Auftrag storniert, nur 24 wurden tatsächlich aus vorhandenen Teilen produziert.

Zeitgleich interessierten sich die Amerikaner für den französischen FT-17. Zwei Stück wurden 1917 zusammen mit den Lizenzen bestellt. Aufgrund diverser Probleme lief die Fertigung des M 1917 Tank erst spät an, in der Zwischenzeit mussten die amerikanischen Truppen Panzer von den Franzosen ausleihen. Ab 1918 sollten die ersten in Amerika gebauten Renaults ausgeliefert werden, die Produktion betrug knapp 1.000 M 1917 Tanks. Diese ersten Bestrebungen der Vereinigten Staaten, eine eigene Panzerwaffe aufzubauen, wurden in der Zwischenkriegszeit weitgehend eingestellt.

Zwei US-amerikanische leichte Panzer vom Typ Marmon-Herrington bei Tests in Alaska 1942. Für Exportzwecke entwickelt, wurden über 400 Exemplare produziert. Sie waren bereits bei ihrer Entwicklung überholt. (Library of Congress)

Die Zwischenkriegszeit

Nach der Katastrophe des Ersten Weltkrieges wurde das Waffensystem Panzer weiterentwickelt. Der technische Fortschritt erlaubte den Bau immer modernerer Kampffahrzeuge, die Arsenale der gepanzerten Streitkräfte wurden größer und größer. Zwischen den Kriegen wurden Weichen gestellt, politische und technische Weichen …

DIE ZWISCHENKRIEGSZEIT

Vickers baute für die englische Armee den Medium Mk I, der bereits viele Merkmale eines modernen Panzers zeigte. Das leicht gepanzerte Fahrzeug war mit einer 47 mm ausgerüstet. Obwohl 1938 ausgemustert, fuhren einige noch zu Beginn des Zweiten Weltkrieges in Ägypten als Ausbildungsfahrzeuge. (Anderson)

Nach dem Ende des Krieges waren die Arsenale der siegreichen Staaten der Entente gefüllt. Die Gesamtzahl der britischen und französischen Panzerproduktion im Ersten Weltkrieg betrug wohl mehr als 8.000 Stück.

Die ersten Einsätze im Krieg hatten die taktische Wirksamkeit des neuen Waffensystems bewiesen. Es ist nicht verwunderlich, dass weltweit Begehrlichkeiten geweckt wurden. So fanden viele Panzer den Weg in die Armeen anderer Staaten. Besonders der französische FT-17 sollte sich als Exportschlager erweisen. Teilweise wurden auch Lizenzen erworben, so von den USA, Italien, und der noch jungen UdSSR. Dieser revolutionäre Panzer sollte den Standard für den Panzerbau der folgenden Jahre setzen: Der Motor war hinten eingebaut, der Kampfraum im vorderen Teil untergebracht, die Waffensysteme waren in einem voll drehbaren Turm lafettiert. Die Hauptbewaffnung konnte so unabhängig von der Fahrtrichtung wirken. Die kompakte Bauweise und das geringe Gewicht des FT-17 machten ihn technisch leicht beherrschbar, seine Wirtschaftlichkeit erlaubte den Aufbau auch größerer Einheiten.

Nach dem großen Krieg sollte in Europa eine Phase der Abrüstung einsetzen, sicherlich verständlich nach dem jahrelangen Sterben. Die Militärbudgets aller Staaten wurden heruntergefahren. Gleichzeitig sollte die Motorisierung in allen entwickelten Staaten stark ansteigen, was natürlich auch Auswirkungen auf den Mechanisierungsgrad der Streitkräfte hatte. Ab Ende der 1920er-Jahre wurde die Entwicklungsarbeit wieder aufgenommen, wieder unter der technologischen Führerschaft Englands und Frankreichs.

England

England verfügte zum Ende des Ersten Weltkrieges über eine große Zahl an Panzern. Diese waren jedoch sehr bald technisch und taktisch überholt. Teile dieser Streitmacht wurden exportiert, der Rest nach und nach verschrottet. Ab Mitte der 20er-Jahre wurde die Entwicklung von Panzern wieder forciert. Neue Konzepte wurden erprobt und eingeführt. Die Firma Vickers stieg in das Rüstungsgeschäft ein und avancierte damals zu einem der größten Rüstungskonzerne weltweit. 1924 wurde der

ENGLAND

Carden-Loyd entwickelten eine ganze Reihe verschiedener Kleinkampfwagen. Diese billigen Fahrzeuge erlaubten den Aufbau größerer Einheiten. Das einfache und robuste Konzept des Fahrwerks wurde wieder von vielen Nationen übernommen. Diese Carden-Loyd Mk V waren als Zwitterfahrzeuge ausgelegt, auf befestigten Straßen fuhren die Panzer wirtschaftlich auf Rädern. Das hinten montierte Einzelrad ist hier nicht sichtbar. (Doyle)

Vickers Medium Mk I für die englische Armee entwickelt. 200 dieses zukunftweisenden Panzers wurden gebaut. Neben der Entwicklungsarbeit für die englischen Streitkräfte wurden viele Panzer für den Export ins Ausland produziert. So entstand der Vickers Mk E (6 ton tank), ein weiterer weltweiter Verkaufserfolg, der Abnehmer von Bolivien bis China fand. Auch Vickers vergab Lizenzen, so kauften sowohl Polen als auch Russland den Vickers und produzierten jeweils leicht veränderte Varianten in teils großen Stückzahlen. Neben dem französischen FT-17 war der Vickers Mk E der kommerziell erfolgreichste Panzer bis zum Ausbruch des Zweiten Weltkrieges.

Der recht einfach konstruierte Panzer hatte eine hohe Zuverlässigkeit, die Standfestigkeit des Antriebs und der Ketten war hoch. In England sollte der Vickers Mk E nicht übernommen werden. Um die alten Panzer des Ersten Weltkrieges zu ersetzen, waren bereits in den 1920er-Jahren mehrere Hundert mittlere Vickers Kampfpanzer der Typen Medium Mk I und II erworben worden. Diese stellten bis Mitte der 1930er-Jahre die Masse der englischen Panzerverbände dar.

Gegen Ende der 1920er-Jahre erwarb der englische Generalstab verschiedene andere leichte Panzerfahrzeuge der Firma Carden-Loyd (später von Vickers aufgekauft). Sowohl die Vickers Mk I und Mk II als auch die leichten Panzer sollten Mitte der 1930er-Jahre durch zwei neue Vickers-Typen ersetzt werden. Besonders der schwere Panzer, der Vickers Independent, war eine interessante Entwicklung. Dem militärischen Zeitgeist folgend, war er als Mehrturmpanzer ausgelegt. Neben einem großen Turm mit der Hauptbewaffnung waren vier MG in Nebentürmen montiert. Das englische Kriegsministerium entschied jedoch anders.

Mitte der 1930er-Jahre kristallisierte sich dann die Ausstattung heraus, mit der England in den folgenden Krieg ziehen sollte. Diese bestand im Prinzip aus einem leichten Aufklärungspanzer, einem schweren Durchbruchspanzer und einem mittleren Kampfpanzer.

Typ	Vickers Medium Mk I	Vickers 6 Ton Type A	Vickers 6 Ton Type B
Bewaffnung	47 mm, 4 MG	2 MG	47 mm, 1 MG
Besatzung	5	3	3
Panzerung, frontal	6 mm	10 mm	10 mm
Gewicht	11 t	6,5 t	7 t
Motorleistung	90 PS	100 PS	100 PS
Höchstgeschwindigkeit	25 km/h	35 km/h	35 km/h
Leistungsgewicht	8,2 PS/t	15 PS/t	14,3 PS/t
Bodendruck	k.A.	k.A.	k.A.
Reichweite	bis 190 km	bis 160 km	bis 160 km
Gebaute Stückzahl	k.A.	k.A.	k.A.

Die Firma Vickers Armstrong sollte 1929/30 ein zukunftsweisendes Modell vorstellen: den 6 Ton Tank. Hier ist die Ausf. A zu sehen, die zwei Drehtürme mit je einem MG trug. Die englische Armee übernahm den Panzer nicht, er sollte aber an viele Staaten verkauft werden. (History Facts)

Heavy Tank Vickers Independent	
Bewaffnung	47 mm und 4 MG in 4 Nebentürmen
Besatzung	10
Panzerung, frontal	25 mm
Gewicht	30 t
Motorleistung	350 PS
Höchstgeschwindigkeit	32 km/h
Leistungsgewicht	11,3 PS/t
Bodendruck	k.A.
Reichweite	bis 70 km
Gebaute Stückzahl	20

Light Tank Mk VI	
Bewaffnung	15 mm, 1 MG
Besatzung	3
Panzerung, frontal	15 mm
Gewicht	5 t
Motorleistung	88 PS
Höchstgeschwindigkeit	51 km/h
Leistungsgewicht	17,6 PS/t
Bodendruck	0,53 kg/cm²
Reichweite	bis 280 km
Gebaute Stückzahl	k.A.

Der Vickers 6 Ton Tank der Ausf. B trug einen größeren Turm mit einem 47-mm-Geschütz sowie einem MG. Das Fahrwerk mit außen liegender Federung war einfach und zweckmäßig, es sollte Rüstungsproduzenten in aller Welt inspirieren. (History Facts)

Wie ein Schlachtschiff auf hoher See von leichteren Schiffen wird dieser Vickers Independent von Carden-Loyd Kleinpanzern verschiedener Typen begleitet. Mehrturmpanzer wurden in den 1930er-Jahren von allen Nationen gebaut. Auf englischer Seite stand dahinter die Idee eines vielseitig einsetzbaren Waffensystems, das nach dem Durchbruch feindlicher Linien jedes Ziel bekämpfen konnte. Die Kleinpanzer sollten den Erfolg ausnutzen und in die Tiefe des Raumes vorstoßen. (Doyle)

Light Tanks (leichte Panzer) wurden zur Aufklärung und Erkundung gefordert. Diese leichten Panzer wurden von Vickers Carden-Loyd in mehreren Varianten entwickelt und eingeführt. Der Infantry Tank, ein schwer gepanzerter Typ, sollte die feindlichen Linien durchbrechen, analog zu den vermeintlich guten Erfahrungen des Ersten Weltkrieges. Der Infantry Tank Mk I war schwer gepanzert, aber langsam und nur mit einem MG ausgestattet. So waren seine Einsatzmöglichkeiten stark begrenzt. Dem Cruiser Tank, dem mittleren Kampfpanzer, kam dann die Aufgabe zu, den Erfolg des Durchbruchs auszunutzen. Die leichter gepanzerten Cruiser Tanks konnten sowohl mit einer 40-mm-Kanone für den Panzerkampf als auch mit einem 76,2-mm-Geschütz zur direkten Feuerunterstützung ausgestattet werden. Letztere trugen den Suffix „CS" in der Bezeichnung. Der Cruiser Tank sollte

Typ	Infantry Tank Mk I Matilda I
Bewaffnung	1 MG
Besatzung	2
Panzerung, frontal	60 mm
Gewicht	12 t
Motorleistung	70 PS
Höchstgeschwindigkeit	11 km/h
Leistungsgewicht	5,8 PS/t
Bodendruck	0,76 kg/cm²
Reichweite	bis 128 km
Gebaute Stückzahl	140

Auf englischer Seite war Vickers Carden-Loyd federführend bei der Entwicklung von Kleinpanzern. Dieser Vickers Dutchman (dem Light Tank Mk VI sehr ähnlich) war ein Exportmodell, das für die Niederlande entwickelt wurde, aber wegen der Entwicklung der Lage nicht ausgeliefert werden konnte. Die englische Armee nutzte die 40 Fahrzeuge zur Ausbildung. (Anderson)

Infantry Tanks sollten als schwer gepanzerte Durchbruchspanzer die feindlichen Linien durchstoßen. Dieser Infantry Tank Mk I, auch Matilda I genannt, war allseits 60 mm gepanzert. A11 E1 war der erste Prototyp. Mit zwei Mann und nur einem MG bewaffnet, konnte dieser Panzer nicht überzeugen. (Gray)

Typ	Cruiser Tank Mk I CS
Bewaffnung	76,2 mm, 3 MG
Besatzung	6
Panzerung, frontal	14 mm
Gewicht	12,7 t
Motorleistung	150 PS
Höchstgeschwindigkeit	39,6 km/h
Leistungsgewicht	11,8 PS/t
Bodendruck	0,76 kg/cm²
Reichweite	bis 202 km
Gebaute Stückzahl	125

der wichtigste Panzer der Engländer werden, während der Verteidigung Frankreichs wurden weitere Typen eingesetzt.

Frankreich

Auch Frankreich verfügte zum Ende des Ersten Weltkrieges über eine große Zahl von Panzern. Mit Ausnahme des FT-17 sollten alle in den 1920er-Jahren außer Dienst gestellt werden. Im

Dieser Cruiser Tank Mk I CS wurde während der Kampfhandlungen in Frankreich verladen. Die 76,2-mm-Haubitze im Turm ist gut erkennbar, alternativ war die übliche 40-mm-QF-Kanone zur Panzerbekämpfung eingebaut. Der Panzer trug vorne in zwei kleinen Drehtürmen MG, der Fahrer war in einem Erker dazwischen untergebracht. Die Panzerung von 14 mm sollte später im Kampf gegen deutsche Panzer nicht mehr ausreichen. (Anderson)

FRANKREICH

Der gigantische 2C wurde auf dem Schienenweg mittels spezieller Waggons transportiert. Dieses Exemplar fiel den Deutschen fast unbeschädigt in die Hände. War der Panzer 1920 noch zukunftsweisend, so hatte er 20 Jahre später keinen Kampfwert mehr. (Anderson)

Typ	Char 2C
Bewaffnung	75 mm, 4 MG
Besatzung	6
Panzerung, frontal	45 mm
Gewicht	68 t
Motorleistung	2 x 250 PS
Höchstgeschwindigkeit	15 km/h
Leistungsgewicht	7,35 PS/t
Bodendruck	k.A.
Reichweite	bis 150 km
Gebaute Stückzahl	10

Gegensatz zu England, dessen alte Panzerstreitmacht größtenteils verschrottet wurde, behielt Frankreich mehr als 2.500 FT 17 in den Streitkräften. Dieser leichte Panzer war für Renault ein lohnendes Geschäft. Auch Lizenzen wurden vergeben. FT-17-Panzer sollten in den kommenden Vorkriegskonflikten in Spanien und Abessinien und in China eingesetzt werden. Auch Frankreich sollte in den 1920er-Jahren die im Ersten Weltkrieg gewonnenen Erfahrungen nicht oder kaum merklich weiterentwickeln. Panzer wurden nicht in eine selbstständige Waffengattung überführt, wie das in England und Deutschland der Fall war. Die Kampfwagen wurden in kleineren Einheiten organisiert und sowohl der Infanterie als auch der Kavallerie unterstellt. Bis 1940 wurden Infanteriepanzer einerseits als Durchbruchs- und andererseits als Begleitpanzer konzipiert und produziert. Die Kavallerie sollte beweglichere, schnellere Fahrzeuge erhalten.

Französische Infanteriepanzer
Char 2C
In den frühen 1920er-Jahren wurden zehn superschwere Panzer produziert, deren Entwicklung noch im Weltkriege begonnen hatte. Der

Typ	Char lègere R35
Bewaffnung	37 mm, 1 MG
Besatzung	2
Panzerung, frontal	45 mm
Gewicht	9,8 t
Motorleistung	82 PS
Höchstgeschwindigkeit	19 km/h
Leistungsgewicht	8,4 PS/t
Bodendruck	0,86 kg/cm²
Reichweite	bis 138 km
Gebaute Stückzahl	> 1.500

Der R35 sollte den FT-17 ersetzen. Der leichte Panzer verfügte über eine recht starke Panzerung und war für den Einsatz bei der Infanterie schnell genug. Das Fahrwerk war robust und einfach gehalten. Der kleine Turm bot nur Platz für den Kommandanten, der also die Bewaffnung bedienen und gleichzeitig das Fahrzeug führen musste. (Anderson)

Dieser Char D1 wurde während des Frankreich-Feldzuges ohne sichtbare Beschädigung von seiner Besatzung aufgegeben. Die meisten französischen Panzer zeigten Panzerbleche im Bereich des Fahrwerks, die dieses sowie die Wanne schützten. Die Wanne entstand aus genieteten Stahlplatten, der Turm in Gussbauweise. (Anderson)

Char 2C war als Durchbruchspanzer konzipiert und wurde als Infanteriepanzer der Infanterie unterstellt. Der riesige Panzer stand bei Ausbruch des Zweiten Weltkrieges noch zur Verfügung, hatte aber keinen großen Kampfwert. Er entsprach den Anforderungen einer vergangenen Epoche. Alle Panzer wurden 1940 von den Deutschen während eines Eisenbahntransports erbeutet, zum größten Teil von den eigenen Besatzungen gesprengt.

Typ	Char D2
Bewaffnung	47 mm, 2 MG
Besatzung	3
Panzerung, frontal	40 mm
Gewicht	19,75 t
Motorleistung	150 PS
Höchstgeschwindigkeit	23 km/h
Leistungsgewicht	7,5 PS/t
Bodendruck	k.A.
Reichweite	bis 100 km
Gebaute Stückzahl	100

R35

Als Unterstützungspanzer für die französische Infanterie wurde auch ein leichter Panzer als Nachfolger des FT-17 konzipiert. Der Renault R35 war hinsichtlich seiner Größe und Auslegung den leichten Panzern anderer Nationen durchaus ähnlich. Anders als im Fall des FT-17 wurden Turm als auch Wanne in Gussbauweise produziert. So konnte der Panzerschutz auf einfache Art verstärkt werden, wie es für den Infanteriepanzer verlangt wurde. Wie bei den meisten französischen Entwicklungen musste der Kommandant sowohl die Waffen bedienen, als auch das Fahrzeug im Gefecht führen, was sich im Gefecht nachteilig auswirken sollte. Auch der R35 ging in gewissen Stückzahlen in den Export.

Char D

Um 1930 wurde der Char D entwickelt. Auch dieser Panzer war letztendlich eine Weiterent-

Der Char D2 ähnelte dem D1 nur äußerlich. Die Wanne war nun von geschweißter Bauweise, der neue Turm, der auch bei anderen Panzern Verwendung finden sollte, war deutlich größer. (Anderson)

wicklung des FT-17-Konzepts. Die Wanne war deutlich größer ausgelegt, die Besatzung konnte um einen Mann verstärkt werden. Anfangs wurde noch der unveränderte Turm des FT verwendet. Als leichter Panzer konzipiert war er vergleichsweise stark gepanzert und entsprach eigentlich eher einem mittleren Panzer. Mitte der 1930er-Jahre wurde der Turm durch einen größeren ersetzt, der ein 47-mm-SA34-Geschütz und ein MG trug.

Obwohl in gewissen Stückzahlen gebaut, konnte der Char D nicht überzeugen, zu anfällig war die Technik. Aus diesem Grund wurde der Panzer in die tunesischen Kolonien verschickt, um dort die erwartete italienische Landung zu verhindern. Vor dem Einmarsch der deutschen Wehrmacht erging der Befehl für den Rücktransport der technisch noch einwandfreien Fahrzeuge. Aufgrund der geschilderten Probleme entwickelte Renault eine veränderte Variante (Char D2) mit geschweißter Wanne und optimiertem Panzerschutz. Ein Teil der D2-Produktion wurde mit einem verbesserten Turm ausgestattet, der die leistungsstärkere 47-mm-SA35-Kanone trug.

Weder der D1 (ehemals Char D) noch der D2 wurden in großen Stückzahlen produziert. Beide Panzer waren technisch äußerst unzuverlässig und 1940 abgenutzt. So häuften sich Ausfälle der Bremsanlage und des Lenkgetriebes. Die bei der Hälfte der Fahrzeuge eingebaute alte 47-mm-SA34-Kanone war wenig geeignet für den Kampf gegen Panzer.

Char B1

Die Ursprünge dieses schweren französischen Panzers lagen noch in den 1920er-Jahren. Dahinter stand die Forderung nach einem Durchbruchspanzer, der den überholten Char 2C ersetzen sollte. Die Bewaffnung war ungewöhnlich: Neben dem bereits im Char D2 verwendeten APX1-Drehturm mit 47-mm-SA34-Kanone, trug der Panzer ein weiteres Geschütz vom Kaliber 75 mm in einer Schartenlafettie-

Typ	Char B1 bis
Bewaffnung	75 mm in Wanne
	47mm, 1 MG im Turm
Besatzung	4
Panzerung, frontal	60 mm
Gewicht	28 t
Motorleistung	272 PS
Höchstgeschwindigkeit	28 km/h
Leistungsgewicht	9,7 PS/t
Bodendruck	k.A.
Reichweite	bis 200 km
Gebaute Stückzahl	405

Dieser B1 bis zeigt deutlich seine 75-mm-Hauptbewaffnung in der Wanne und die 47 mm im Turm. Die großen, umlaufenden Plattenketten zeigen die konstruktive Nähe dieses Panzers zu den Entwicklungen des Ersten Weltkrieges. (Anderson)

Drei AMR 33 auf einer Parade. Die Fahrzeuge waren schnell, technisch aber sehr unzuverlässig. Interessant sind die unterschiedlichen Tarnanstriche. (Anderson)

Typ	AMR 33
Bewaffnung	1 MG im Turm
Besatzung	2
Panzerung, frontal	13 mm
Gewicht	5,5 t
Motorleistung	84 PS
Höchstgeschwindigkeit	54 km/h
Leistungsgewicht	15,2 PS/t
Bodendruck	k.A.
Reichweite	bis 200 km
Gebaute Stückzahl	115

rung, das sowohl Sprenggranaten als auch Panzergranaten verschießen konnte. Letztere konnte aufgrund des geringen Seitenrichtfeldes nur statische Ziele wie Bunker bekämpfen. Der Kommandant war hoffnungslos überfordert, er musste den Panzer sowie die 7,5 cm-Kanone kommandieren und das Turmgeschütz selbst bedienen.

Nach dem Bau von 34 Panzern wurde der besser gepanzerte Char B1 bis produziert. Dieser zeigte eine Frontpanzerung von 60 mm sowie die verbesserte 47 mm SA35 in einem APX4-Turm.

Französische Kavalleriepanzer

Die französische Kavallerie benötigte schnellere und beweglichere Panzer, um die ihnen zugedachten Aufgaben zu bewältigen. Daher wurden Anfang der 1930er-Jahre Aufklärungspanzer (AMR – Automitrailleuse de Reconnaissance) entwickelt, leichte Panzer mit geringer Panzerung und Bewaffnung, sowie Gefechtspanzer (AMC - Automitrailleuse de Combat), die den Kampf gegen feindliche Panzer führen sollten. Die AMR waren in der Mehrzahl nicht mit Funk ausgerüstet. Daher sollten sie, entgegen ihrer Bezeichnung, nicht in der Rolle eines Aufklärungsfahrzeuges eingesetzt werden sondern zur Feuerunterstützung von Kavallerie- und motorisierten Schützen-Einheiten.

AMR 33 und 35

Der AMR 33 wurde 1933 eingeführt. Das Fahrzeug war leicht und schnell, auf schwere Panzerung wurde naturgemäß kein Wert gelegt. Der Motor war vorne neben dem Fahrer montiert. Wie bei vielen französischen Panzern war kein Funkgerät eingebaut, so verbot sich der Einsatz als Aufklärungsfahrzeug, die eigentlich zugedachte Verwendung, von selbst. So sollten die agilen Fahrzeuge in vorderster Linie noch vor den mittleren AMC-Panzern eingesetzt werden. Dies wiederum war taktisch unmöglich, denn dazu waren die Panzer zu schwach ge-

FRANKREICH 37

Ein erbeuteter AMC 35, im Hintergrund steht ein deutscher PzKpfw III. Der französische Panzer, obwohl deutlich kleiner und leichter als sein Gegner, hatte einen vergleichbaren Panzerschutz, aber eine deutlich leistungsfähigere Hauptwaffe. (Anderson)

panzert. Vermutlich wurden alle verwendet, um den Verbänden der Kavallerie mit ihrem MG Feuerschutz zu geben.

Wie viele französische Fahrzeuge erwies sich der AMR 33 als mechanisch sehr anfällig. Sowohl der unter Platzproblemen eingebaute Motor als auch das Lenkgetriebe fielen häufig aus. Das Carden-Loyd-Fahrwerk war zu schwach dimensioniert, Federbrüche traten des Öfteren auf. 115 AMR 33 wurden bis Ende 1934 ausgeliefert.

Noch bevor der AMR 33 in Produktion ging, konstruierte Renault den AMR 35. Dieser zeigte eine Reihe von Verbesserungen. So war der Motor hinten untergebracht, was für den Einsatz des Fahrzeugs von Vorteil war. Allerdings entpuppte sich auch der AMR 35 als unzuverlässig und anfällig.

AMC 35

Ein weiteres Fahrzeug zur Ausstattung der Kavallerie-Regimenter war der AMC 35. Als mittlerer Panzer konzipiert, sollte er eine hohe Beweglichkeit mit möglichst hoher Panzerung vereinbaren. Mit dem sehr kompakt gebauten und flachen AMC 35 wurde erstmals ein französischer Panzer mit einem 2-Mann-Turm versehen. Dies bedeutete einen großer Vorteil im Einsatz. Der Kommandant konnte sich auf das Führen des Fahrzeugs konzentrieren, und der Richtschütze bediente die 47-mm-SA35-

Typ	AMC 35
Bewaffnung	47 mm SA35, 1 MG im Turm
Besatzung	3
Panzerung, frontal	25 mm
Gewicht	14,5 t
Motorleistung	180 PS
Höchstgeschwindigkeit	42 km/h
Leistungsgewicht	12,4 PS/t
Bodendruck	k.A.
Reichweite	bis 160 km
Gebaute Stückzahl	57

Kanone. Vor Ausbruch des Krieges wurden ca. 50 Exemplare ausgeliefert. Auch dieses interessante Fahrzeug litt unter mangelnder Zuverlässigkeit. Zudem erschien die Panzerung von 25 mm für einen mittleren Kampfpanzer zu schwach.

Hotchkiss H35 und H39

Die französische Kavallerie sollte unerwartet mit einem weiteren Panzer ausgestattet werden. Der H35 war eigentlich als Begleitpanzer für die Infanterie bestimmt. Diese wies das Fahrzeug nach eingehenden Tests im Jahre 1936 zurück, der Panzer zeigte ein unberechenbares Lenkverhalten in schwerem Gelände und gefährdete die eigenen Truppen. Nun wurde die Kavallerie angewiesen den H35 zu übernehmen. Deren Einsatzprofil zielte mehr auf befestigte Straßen ab.

38 DIE ZWISCHENKRIEGSZEIT

Dieser H39 wurde mit der längeren und leistungsstärkeren 37-mm-Kanone ausgerüstet. Die Motorabdeckung wurde gegenüber dem H35 deutlich vergrößert und ist nun fast waagerecht. Viele französische Panzer trugen am Heck eine Grabenüberschreithilfe, wie hier sichtbar. (Anderson)

Typ	Char lègere H39
Bewaffnung	37 mm, 1 MG
Besatzung	2
Panzerung, frontal	40 mm
Gewicht	11 t
Motorleistung	120 PS
Höchstgeschwindigkeit	36,5 km/h
Leistungsgewicht	10,9 PS/t
Bodendruck	0,86 kg/cm²
Reichweite	bis 138 km
Gebaute Stückzahl	700

Der H35 wurde ab 1937 weiterentwickelt, der daraus resultierende H39 war mit einem verbesserten Getriebe und einem deutlich stärkeren Motor ausgestattet. Nun war auch die Infanterie wieder interessiert, da sich die Fahreigenschaften deutlich verbessert hatten. Die Höchstgeschwindigkeit konnte auf 36 km/h gesteigert werden. Teilweise wurde eine längere und leistungsstärkere 37-mm-Kanone ein-

Typ	Somua S35
Bewaffnung	47 mm SA35, 1 MG im Turm
Besatzung	3
Panzerung, frontal	47 mm
Gewicht	20 t
Motorleistung	190 PS
Höchstgeschwindigkeit	37 km/h
Leistungsgewicht	9,5 PS/t
Bodendruck	k.A.
Reichweite	bis 230 km
Gebaute Stückzahl	430

Der Somua S35 war eine bemerkenswerte Entwicklung. Der Aufbau bestand aus vier zusammengeschraubten Gussstücken, auch der Turm entstand im Gussverfahren. Er verband eine starke Bewaffnung mit hohem Panzerschutz und guter Beweglichkeit. Anders als der deutsche PzKpfw III bot die Konstruktion keine Möglichkeit der Weiterentwicklung. (Anderson)

Amerikanische Offiziere bestaunen Christies Combat Car M 1921. Die ungewöhnliche Konstruktion hatte eine originelle Federung. Die Hauptbewaffnung war im Bug eingebaut und von einer Gussblende geschützt. Seitlich standen zwei MG zur Verfügung. (Library of Congress)

gebaut. Auch wurden ca. 50 H35 auf den Stand des H 39 modernisiert. Die Gesamtzahl der produzierten H 35 und H 39 betrug ca. 1.200 Fahrzeuge.

Somua S35

Ebenfalls für die Panzerdivisionen der Kavallerie entwickelt sollte der S35 als das wohl ausgewogenste französische Kampffahrzeug in die Geschichte eingehen. Der gesamte Panzer entstand in Gussbauweise und zeigte eine starke Frontpanzerung von 47 mm. Auch im S35 musste der Kommandant die Rolle des Richtschützen übernehmen. Ein Funker unterstützte ihn. Beim reinen Vergleich von Bewaffnung und Panzerung war der S35 dem deutschen PzKpfw III klar überlegen. Der taktisch ungeschickte Einsatz der französischen Einheiten und die schwach ausgebaute Funkführung machten diese Vorteile jedoch zunichte.

USA

Nach dem Ende des Krieges wurde das junge amerikanische Tank Corps aufgelöst. Mit Ratifizierung des National Defense Acts von 1920 wurden dann alle Panzer unter die Verantwortung der Infanterie gestellt. Trotz der Tatsache, dass Panzer sich im Ersten Weltkrieg im Großen und Ganzen gut geschlagen hatten, unterblieb die Schaffung einer eigenständigen Panzertruppe nach Art des britischen Armoured

Typ	Combat Car M 1921
Bewaffnung	57 mm in der Wanne vorne, 2 MG seitlich in Wanne
Besatzung	4
Panzerung, frontal	19 mm
Gewicht	12,7 t
Motorleistung	120 PS
Höchstgeschwindigkeit	11 km/h auf Ketten 22,5 km/h auf Rädern
Leistungsgewicht	9,5 PS/t
Bodendruck	k.A.
Reichweite	bis 160 km
Gebaute Stückzahl	Wenige Prototypen

Corps. In den folgenden Jahren wurden das taktische Grundkonzept sowie die Einsatzgrundsätze von gepanzerten Einheiten festgelegt. Der Generalstab beschränkte die Aufgaben der Panzer somit auf die direkte Unterstützung der vorrückenden Infanterie. Diese Leitsätze zugrunde legend, sowie aus wirtschaftlichen Erwägungen, wurde beschlossen, den Schwerpunkt für zukünftige Entwicklungen auf einen leichten und einen mittleren Typ zu legen. In der Folgezeit wurde eine Reihe von Prototypen entwickelt.

Der „Fall Christie"

Kurz nach Ende des Ersten Weltkrieges bot ein Privatmann der US Army seine Fähigkeiten als Ingenieur an. John Walter Christie war von recht exzentrischem Charakter. Er, wohl ein

DIE ZWISCHENKRIEGSZEIT

Ein Combat Car M 1931 im Gelände. Verglichen mit den Lösungen anderer Hersteller besticht das Christie-Laufwerk mit geradezu verspielter Eleganz. Nach Abnahme der Ketten übertrug ein Kettenantrieb die Kraft der hinten liegenden Treibräder auf die nächsten beiden Laufrollen. Die Laufrollen an zweiter Stelle wurden angehoben, die vorderen waren lenkbar ausgelegt. (NARA)

Urbild des amerikanischen Selfmademan, sprühte förmlich vor ungewöhnlichen Ideen und Geistesblitzen. Sein Credo bestand in hoher Beweglichkeit. Auftretende technische Probleme ging er mutig und einfallsreich an. Seine Entwicklungen waren als Wheel-cum-Track-Fahrzeuge ausgelegt, die Fahrzeuge konnten sowohl mit Gleiskette als auch ohne, allein auf den Laufrollen fahren. Diese Lösung erlaubte hohe Geschwindigkeiten auf befestigten Straßen, war jedoch kompliziert und teuer. Seine Combat Cars M 1919 und M 1921 zeigten noch allenfalls durchschnittliche Leistungen. Die Technik war aufwendig und noch anfällig, daher gab es im Beschaffungsamt Probleme. Mit Widerspruch aber konnte Christie nicht umgehen, heute würde man ihn wohl als nicht teamfähig bezeichnen.

Nach der Ablehnung seines M 1921 konstruierte Christie mehrere amphibische Kampffahrzeuge und zeigte die theoretische Machbarkeit diverser Konzepte. Mit dem Combat Car M 1931 sollte ihm ein großer Wurf gelingen. Der Panzer zeigte ein Rollen-Fahrwerk mit verdeckter Schraubenfederung – das als Christie-Fahrwerk in die Geschichte eingehen sollte –, Motor und Antrieb lagen hinten. Die Bewaffnung war in einem Drehturm untergebracht. Allen Christie-Entwicklungen der 1930er-Jahre gemein war die Verwendung von wirklich leistungsfähigen Motoren. Der Einbau eines Liberty-Flugzeugmotors von 343 PS Leistung erlaubte eine theoretische Höchstgeschwindigkeit (nach Ausbau des Begrenzers) von bis zu 113 km/h auf Rädern und 64 km/h auf Ketten. Im Verbund mit einer großen Reichweite waren Christies Panzer ihrer Zeit weit voraus. Christie ging in der kommenden Zeit so weit, sogar flugfähige Panzer zu konzipieren. Das Modell M 1932 mit seinen wirklich außergewöhnlichen Leistungen wurde für diesen Zweck in Leichtbauweise entwickelt.

Doch noch immer war dem Ingenieur in den USA kein Auftrag erteilt worden. Aus wirt-

Typ	Combat Car M 1931	Combat Car M 1932
Bewaffnung	37 mm, 1 MG	37 mm, MG
Besatzung	3	3
Panzerung, frontal	16 mm	bis 12,7 mm
Gewicht	9,5 t	5 t
Motorleistung	343 PS	760 PS
Höchstgeschwindigkeit	64 km/h auf Ketten 113 km/h auf Rädern	96 km/h auf Ketten 193 km/h auf Rädern
Leistungsgewicht	36,1 PS/t	152 PS/t
Bodendruck	k.A.	k.A.
Reichweite	bis 400 km	k.A.
Gebaute Stückzahl	Wenige Prototypen	Wenige Prototypen

schaftlicher Not begann er seinen M 1931 international anzubieten. England, die Sowjetunion und Japan erwarben Lizenzen, Musterexemplare wurden auf abenteuerliche Weise nach Russland geschmuggelt. Christie forschte und entwickelte weiter. Im Jahr 1936 wurde dem Ordnance Department der T3E2 vorgestellt, der viele Verbesserungen zeigte. Dank eines Flugzeugmotors von enormer Leistung betrug sein Leistungsgewicht atemberaubende 51 PS/t. Aber noch immer wurden seine Entwicklungen in den USA nicht angenommen, sie entsprachen scheinbar nicht den gestellten Forderungen. Christie war stur, er wollte oder konnte sich dem Reglement der amerikanischen Bürokratie nicht unterordnen. Im Nachhinein ist schwer zu beurteilen, ob der amerikanische Panzerbau eine Chance vertan hat.

Typ	Medium Tank T3E2
Bewaffnung	37 mm, 3 MG
Besatzung	5
Panzerung, frontal	22 mm
Gewicht	11 t
Motorleistung	555 PS
Höchstgeschwindigkeit	60 km/h auf Ketten
	120 km/h auf Rädern
Leistungsgewicht	50,9 PS/t
Bodendruck	k.A.
Reichweite	k.A.
Gebaute Stückzahl	Wenige Prototypen

Die visionären Entwicklungen brachten John W. Christie keinen Erfolg. Trotz seiner wahrlich bahnbrechenden Konstruktionen war ihm kein wirtschaftlicher Erfolg vergönnt, er starb verarmt im Jahre 1944. Der Sowjetunion hingegen sollte auf Basis seiner Lizenzproduktio-

Der T3E2 wurde immerhin als Testfahrzeug klassifiziert und erprobt, daher die anderslautende Bezeichnung. Der Panzer wurde durch Christie weiterentwickelt und zeigt jetzt drei MG, ein Zugeständnis an die Wünsche des Ordnance Office? Insgesamt ähnelt er stark den britischen Cruiser Tanks, deren Entwicklung auf Christies Arbeit basierten. Immer noch konnten die Ketten zur Straßenfahrt entfernt und auf den Kettenabdeckungen verstaut werden. (Library of Congress)

42 DIE ZWISCHENKRIEGSZEIT

Ein M2A3 auf einer Parade, auf der Tribüne schaut Franklin D. Roosevelt, der Präsident der Vereinigten Staaten, zu. Der leichte und sehr bewegliche Panzer war mit einem cal .30 und einem cal .50 MG ausgerüstet. (Library of Congress)

Der M2A4 war mit einem größeren Turm ausgestattet, der eine 37-mm-Kanone trug. Nicht weniger als fünf cal .30 MG waren eingebaut. (Doyle)

Typ	M2A4 Light Tank
Bewaffnung	37 mm, 5 MG cal .30
Besatzung	4
Panzerung, frontal	25 mm
Gewicht	11,6 t
Motorleistung	245 PS
Höchstgeschwindigkeit	58 km/h
Leistungsgewicht	21,1 PS/t
Bodendruck	k.A.
Reichweite	bis 320 km
Gebaute Stückzahl	375

nen eine Weiterentwicklung gelingen, die die Geschichte des Zweiten Weltkrieges nachhaltig beeinflussen sollte – der T-34.

Im Jahr 1931 änderte sich die Militärdoktrin der USA. Der neue Oberbefehlshaber Mac Arthur beschloss, auch die Kavallerie mit Panzern auszustatten. Mitte der Dreißigerjahre konnte der M1 Combat Car vorgestellt werden. Der Panzer zeigte die klassische Aufteilung: sein Motor lag hinten, der Kampfraum im vorderen Teil, ein Drehturm trug die Bewaffnung – zwei MG. Zeitgleich entstand auf demselben Fahrgestell der Light Tank T2E1 für die Infanterie.

In der Folgezeit kristallisierte sich heraus, dass nur mit Maschinengewehren bewaffnete Panzer für die zu erwartenden Konflikte unzureichend waren. Aus diesen Überlegungen resultierten im Folgenden der M2A3 mit zwei MG-Türmen und der M2A4. Die Panzerung

Typ	M2A1 Medium Tank
Bewaffnung	37 mm
	Bis zu 9 MG cal .30
Besatzung	6
Panzerung, frontal	32 mm
Gewicht	18,7 t
Motorleistung	400 PS
Höchstgeschwindigkeit	37 km/h
Leistungsgewicht	21,3 PS/t
Bodendruck	k.A.
Reichweite	bis 210 km
Gebaute Stückzahl	100

des M2A4 wurde deutlich verstärkt, in einen Drehturm wurde eine 37-mm-Kanone eingebaut.

Verglichen mit ähnlichen Entwicklungen in Europa, zeigte der Panzer eindrucksvolle Leistungen. Die amerikanischen Ingenieure setzten neue Höchstmarken in Sachen Beweglichkeit und Zuverlässigkeit. Starke Motoren, zum Teil aus der Flugzeugfertigung entnommen, sollten den Panzern ein überragendes Leistungsgewicht geben. Zeigte sich hier der Einfluss von John Christie? Die USA führten bereits früh Endverbinderketten (lebende Ketten) mit Gummipolstern ein, die mit einer gewissen Vorspannung aufgezogen wurden. Diese Ketten hatten gegenüber den sonst verwendeten Scharnierketten (tote Ketten) den Vorteil, dass sie höhere Geschwindigkeiten zuließen, auch Lebensdauer, Laufruhe und Seitenführung waren deutlich überlegen.

Wo immer möglich wurden zivile Komponenten aus der Großserie herangezogen. Das half die Kosten zu senken, und auch die Versorgung mit Ersatzteilen wurde so vereinfacht. Die Ausstattung mit fünf MG war wohl weniger hilfreich, da ein gezieltes Feuer nur aus zwei Waffen möglich war.

In der zweiten Hälfte der 1930er-Jahre begann die Entwicklung des lange geforderten mittleren Kampfpanzers. Der daraus resultierende M2 Medium Tank ähnelte der Konstruktion des Light Tanks. Die 37-mm-Hauptbewaffnung wurde in denselben Drehturm eingebaut. Der M2 zeigte seitlich vorne zwei Erker mit separat zu bedienenden MG. Maximal konnte der Panzer mit neun MG ausgestattet werden, sicher ein Weltrekord.

Von M2 und M2A1 wurden ca. 100 Exemplare gebaut. Da sie bereits zur Zeit ihrer Einführung 1940 als taktisch überholt galten, unterblieb die geplante Massenfertigung.

Polen

Nach dem Ende des Ersten Weltkrieges erhielt Polen seine Souveränität zurück. Die noch junge zweite Republik musste sich in der Folgezeit gegen viele territoriale Begehrlichkeiten behaupten. Bereits 1919 wurde die polnische Exilarmee in Frankreich (General Haller) mit

Die Entwicklungen der Firma Carden-Loyd wurden auch in Polen zur Aufstellung größerer Einheiten verwendet. Der TK war eine lokal produzierte Weiterentwicklung, der ein MG (das hier allerdings fehlt) trug. (Zöllner)

44 DIE ZWISCHENKRIEGSZEIT

Der TKS war eine weiter verbesserte Variante des TK. Auch bei diesem von deutschen Truppen erbeuteten Exemplar wurde das MG ausgebaut. (Hoppe)

vermutlich 120 FT-17-Panzern ausgerüstet. In der Folge kehrten diese Truppen unter Mitnahme von allem Gerät nach Polen zurück. 1920 überfielen die russischen Kommunisten Polen und versuchten Warschau einzunehmen. In zwei Schlachten konnte Pilsudsky die Rote Armee zurückwerfen. In diesen Kämpfen wurden die FT-17 mit gutem Erfolg eingesetzt, zum Teil wurden defekte Fahrzeuge auf Panzerzügen montiert. Im Zuge der folgenden Konsolidierung Polens wurde die Armee deutlich verstärkt, auch die Anschaffung von weiteren Panzern wurde beschlossen.

Kleinpanzer

Die Vorzüge der britischen Carden-Loyd-Kleinpanzer inspirierten auch die polnischen Militärplaner. Unter der Bezeichnung TK wurde dieser Typ leicht verändert nachgebaut. Unter anderem wurde ein stärkerer Motor eingebaut. 300 Fahrzeuge dieser ersten Variante wurden produziert. Von dem Nachfolgemuster TKS, das eine leicht verstärkte Panzerung aufwies, konnten bis Kriegsbeginn 260 Stück gebaut werden. Die Fahrzeuge waren mit einem MG ausgerüstet. 1939 wurden 24 TKS im Rahmen eines Modernisierungsprogramms auf eine 20-mm-Kanone umgerüstet.

Als Kampffahrzeuge waren die Kleinpanzer im kommenden Konflikt überfordert und überholt.

Leichte Panzer

Anfang der 1930er-Jahre wurde entschieden, den englischen Vickers Mk E samt Lizenzen zu erwerben. 1931 wurden 38 Panzer geliefert, 16 vom Typ A mit zwei MG-Türmen, 22 vom Typ B mit Einzelturm. Bereits drei Jahre später wurde entschieden, den Vickers in Polen nachzubauen. Die Liste der Verbesserungen war lang. Ein leistungsfähiger Dieselmotor von Saurer wurde eingebaut, das hintere Wannenteil geriet nun wesentlich größer. Die Verwendung eines Dieselmotors in einem Panzer war für diese Zeit ungewöhnlich aber zukunftswei-

Typ	Kleinpanzer TKS
Bewaffnung	1 MG oder 20 mm
Besatzung	2
Panzerung, frontal	10 mm
Gewicht	2,65 t
Motorleistung	46 PS
Höchstgeschwindigkeit	46 km/h
Leistungsgewicht	17,35 PS/t
Bodendruck	k.A.
Reichweite	bis 200 km
Gebaute Stückzahl	260

Typ	Leichter Panzer 7TP
Bewaffnung	37 mm, 1 MG (JW) oder 2 MG (DW)
Besatzung	3
Panzerung, frontal	17 mm
Gewicht	9,9 t
Motorleistung	110 PS
Höchstgeschwindigkeit	37 km/h
Leistungsgewicht	11,1 PS/t
Bodendruck	k.A.
Reichweite	bis 150 km
Gebaute Stückzahl	149

send. Wieder wurden zwei Varianten gebaut. Der 7TP DW hatte zwei kleine Türme mit je einem MG, der 7TP JW war mit einer zeitgemäßen 37-mm-Bofors-Kanone in einem Turm ausgerüstet. Die Panzerung wurde verstärkt und war nun SmK-sicher (Spitzgeschoß mit Kern, Infanteriemunition), für den Einsatz gegen moderne Panzer aber immer noch eher schwach. Der Panzer war für die Installation einer Funkanlage ausgelegt.

149 Panzer vom Typ 7TP (7-Tonner) wurden gebaut. Als leichter Panzer war der 7TP JW mit seiner Bofors-Kanone den deutschen leichten Panzern in allen Belangen überlegen. Auch im Kampf gegen PzKpfw III und IV war er rein technisch sicherlich gleichwertig.

Weitere polnische Panzer

Im Jahre 1938 wurden zwei französische R35 erworben. Dieser Panzer wurde in Polen getestet und als ungeeignet verworfen. In der Folge strebten die Polen den Kauf des Somua S35 an. Diese Anfrage wurde von Frankreich aus sicherheitspolitischen Gründen abgelehnt. Da die politische Lage schwieriger wurde, kauften die Polen 1939 doch noch 50 R35 (Leistungen siehe Frankreich), die im Sommer geliefert wurden. Diese Panzer sollten zu Beginn des deutschen Angriffs im Süden des Landes stehen. Mit Beginn des sowjetischen Einmarschs wurden sie vereinzelt eingesetzt und schließlich nach Rumänien abgezogen.

Polen hat auch versucht, den revolutionären Panzer des Amerikaners John Christie zu kaufen. Christie war interessiert, trat aber vom

Um die Fähigkeit zur Bekämpfung von Panzern zu steigern, wurden vor Kriegsbeginn 24 TKS mit einem 20-mm-Geschütz ausgerüstet. Diese konnten aus verdeckten Stellungen sehr wirksam sein, sie waren aber keine Kampfpanzer. (Anderson)

Polen erwarb 38 Vickers MK E, davon 22 vom Typ B mit 37-mm-Kanone. Die Fahrerklappe ist halb geöffnet, links daneben ist ein Lüftereinlass des Motors sichtbar. (Anderson)

Der 7 TP war eine Eigenentwicklung, technisch basierend auf dem Vickers Mk E. Dieser 7TP DW wurde scheinbar unbeschädigt von seiner Besatzung verlassen. Die beiden Einzeltürme waren mit je einem MG ausgerüstet. (Anderson)

Der 7TP JW war ein gut ausgewogener Panzer. Die deutschen Eroberer sollten erbeutete 7TP als Beutepanzer weiternutzen, zumeist in Polizeieinheiten. (Münch)

Vertrag zurück. Trotzdem versuchten die Polen, das Konzept zu kopieren. Ende der 1930er-Jahre wurde ein Prototyp des 10TP produziert, der das Wheel-cum-track-System mit vier großen Laufrollen übernahm. Der Turm des 7TP wurde ebenfalls übernommen. Zu einer Fertigung kam es nicht mehr.

Italien

Italiens Autoindustrie gehörte um 1910 zu den leistungsfähigsten Unternehmen weltweit. Bereits früh wurden Rad-Panzerwagen eingeführt. Gegen Ende des Ersten Weltkrieges entwickelte Fiat einen schweren Panzer, den Fiat 2000. Mit 40 t war das Gewicht sehr hoch, mit einem 65-mm-Geschütz und sechs MG war er gut bewaffnet. Die Geländegängigkeit wurde als gut beschrieben. Lediglich zwei Prototypen wurden gebaut, diese wurden noch in den

ITALIEN 47

Der Tipo 3000 war eine Lizenzproduktion des französischen FT-17. Dieses Modell 1930 trug zwei MG im Turm. Hier sind diese nicht montiert, die sichtbaren Rohre waren ein Panzerschutz für die MG-Läufe. (Guglielmi)

1920er-Jahren gegen Aufständische in Libyen eingesetzt. In diesem asymmetrischen Krieg bewährten sich die Fahrzeuge nicht.

Der italienische Generalstab beobachtete die Leistungen der englischen und französischen Panzerwaffe während ihrer Einsätze im Ersten Weltkrieg genau. Eine Reihe von Panzern wurde von Frankreich gekauft. Besonders der FT-17 wurde ausgiebig getestet. Das italienische Heimatland mit den Erhebungen der Alpen im Norden und des Apennins sollte sich als ungeeignet für den taktischen Einsatz von Panzern erweisen, die Technik war noch nicht ausgereift. Trotzdem entwickelte die italienische Industrie diese bahnbrechende Technologie weiter.

Als erste Eigenentwicklung entstand 1920 der Fiat Tipo 3000, eine Kopie des FT-17. 100 Exemplare des „model 1921" wurden gebaut. In Libyen erfolgten vereinzelte Einsätze dieser leichten Panzer, wie auch 1928 während des Staatsstreichs in Äthiopien. 1930 wurde der Panzer weiterentwickelt und mit einer 37-mm-Kanone ausgestattet.

Typ	Leichter Panzer Tipo 3000 mod 30
Bewaffnung	37 mm oder 2 MG
Besatzung	2
Panzerung, frontal	16 mm
Gewicht	6 t
Motorleistung	50 PS
Höchstgeschwindigkeit	21 km/h
Leistungsgewicht	8,3 PS/t
Bodendruck	k.A.
Reichweite	bis 100 km
Gebaute Stückzahl	150

Kleinpanzer

Italien importierte Ende der 1920er-Jahre vier Carden-Loyd Mk VI Maschinengewehr-Träger. 21 weitere Fahrzeuge wurden in Italien produziert und als schnelle Kampffahrzeuge zur Auf-

Der Carden-Loyd MG-Träger wurde in italienischen Diensten CV-29 (CV – Carro Veloce) genannt. Der 2-Mann-Kleinpanzer trug ein Maschinengewehr, der Gefechtswert war sehr gering. (Guglielmi)

Der CV-33 war der Nachfolger der Carden-Loyd MG-Träger. (Guglielmi)

Der CV-35 hatte zwei MG in einer Doppellafette, hier sind die Maschinengewehre nicht eingebaut. Dieser Wagen stand nach der Entwaffnung der italienischen Streitkräfte 1943 im Dienst der deutschen Wehrmacht. (Guglielmi)

klärung und Feuerunterstützung der Infanterie eingesetzt.

Der CV-29 konnte technisch nicht überzeugen. Obwohl das Konzept taktisch überholt war, setzte das italienische Heer die Weiterführung der Entwicklung fort, da man ein leichtes Panzerfahrzeug brauchte, das auch in gebirgigem Terrain eingesetzt werden konnte. 1933 erschien der CV-33 mit einem MG, 1935 der CV-35 mit zwei MG. Teilweise wurden ältere Fahrzeuge mit der Doppellafette nachgerüstet. Eine Reihe von Spezialfahrzeugen, darunter Flammenwerfer, wurden ebenfalls eingeführt.

Leichte Panzer

Mitte der 1930er-Jahre begann die Entwicklung eines leichten Panzers, der vielseitiger ein-

Typ	Carro Veloce CV-33	Carro Veloce CV-35
Bewaffnung	1 MG	2 MG
Besatzung	2	2
Panzerung, frontal	15 mm	15 mm
Gewicht	3,3 t	3,3 t
Motorleistung	43 PS	43 PS
Höchstgeschwindigkeit	42 km/h	42 km/h
Leistungsgewicht	13 PS/t	13 PS/t
Bodendruck	k.A.	k.A.
Reichweite	bis 125 km	bis 125 km
Gebaute Stückzahl	ca. 2.500	

1939 begann die Produktion des L6/40. Dieser leichte Panzer trug eine 20-mm-Kanone in einem Drehturm. (Guglielmi)

Typ	Carro Armato L6/40	Typ	Carro Armato M11/39
Bewaffnung	20 mm, 1 MG	Bewaffnung	37 mm, 2 MG
Besatzung	2	Besatzung	3
Panzerung, frontal	40 mm	Panzerung, frontal	30 mm
Gewicht	6,7 t	Gewicht	11,1 t
Motorleistung	70 PS	Motorleistung	105 PS
Höchstgeschwindigkeit	42 km/h	Höchstgeschwindigkeit	32 km/h
Leistungsgewicht	10,4 PS/t	Leistungsgewicht	9,4 PS/t
Bodendruck	k.A.	Bodendruck	k.A.
Reichweite	bis 200 km	Reichweite	bis 200 km
Gebaute Stückzahl	283	Gebaute Stückzahl	100

setzbar sein sollte. Die Firma Ansaldo sollte kurz vor Ausbruch des Zweiten Weltkrieges den L6/40 vorstellen. Er trug in einem kleinen Turm eine 20-mm-Kanone und ein MG.

Auf Basis des Fahrwerks des L6/40 sollte eine Reihe von Spezialfahrzeugen gebaut werden, unter anderem auch eine Selbstfahrlafette (L6/40).

Mittlere Panzer

1937 begann die Entwicklung des ersten modernen italienischen mittleren Panzer. Die Firma Fiat Ansaldo entwickelte diesen Panzer selbstständig, wenn auch das Fahrwerk dem des Vickers Mk E durchaus ähnelte. Das Konzept des Panzers war ungewöhnlich, eine 37-mm-Kanone wurde in der Wanne neben dem Fahrer eingebaut. Der Turm trug zwei MG. Der M11/39 sollte sich in den kommenden Kämpfen (Afrika 1941) nicht bewähren.

Bauartbedingt konnte die Hauptbewaffnung nur in Fahrtrichtung wirken, was ein großer Nachteil war. Hauptbewaffnung und Panzerung erwiesen sich als zu schwach, der Antrieb und die Kraftübertragung waren technisch sehr anfällig.

Der M11/39 trug seine Hauptbewaffnung in der Wanne, was sich als unzweckmäßig herausstellen sollte. (Anderson)

Der Lebedenko-Tank, benannt nach seinem Konstrukteur, war von eher exzentrischer Bauweise. Das Konzept war technisch nicht durchführbar, der Prototyp hatte eine völlig unzureichende Beweglichkeit. (Netrebenko)

Russland

Frühe Entwicklungen

Russlands Schwerindustrie war um 1910 noch im Aufbau. Trotzdem sollte zu Beginn des Ersten Weltkrieges eine recht unkonventionelle Kampfmaschine entwickelt und gebaut werden, „Tank Lebedenko" genannt. Dieses Fahrzeug glich einem gigantischen Dreirad. An die Naben der großen Speichenräder war ein ca. 10 Meter breiter Stahlaufbau angeflanscht, dieser trug Geschütze und MG in mehreren Kampfstationen. Die vorderen Räder durchmaßen wohl neun Meter und wurden jeweils durch einen englischen Sunbeam-Flugmotor von 250 PS Leistung angetrieben. Der Prototyp versagte bei Tests vollständig.

Nach anfänglicher Zurückhaltung begann die zaristische Armee im Ersten Weltkrieg gepanzerte Fahrzeuge zu kaufen. Darunter waren eine Reihe englischer Radpanzerwagen, die als Basis für den Aufbau einer eigenen Produktion

Der Medium Tank Mk B wurde noch während des Krieges in England entwickelt. 102 Exemplare wurden produziert, von denen zwei Fahrzeuge an Russland geliefert wurden. Der Medium Mk B trug vier Maschinengewehre. Interessant ist das Hoheitsabzeichen der Bolschewiki – Hammer und Pflug. (Netrebenko)

Dieser Renault FT17 (oder Russki-Reno) steht neben einem Panzerwagen. Der Einsatz dieser Fahrzeuge erfolgte zumeist in den größeren Städten, wo Möglichkeiten zur Wartung und Reparatur bereitstanden. (Guglielmi)

dienen sollten. Um 1917 erwarb das Kriegsministerium britische Panzer vom Typ Mk V, Medium Mk A „Whippet" und Medium Mk B, die jedoch erst nach dem Sturz des Zaren geliefert wurden. Nach der kommunistischen Machtübernahme schlitterte das Land in einen jahrelangen, brutalen Bürgerkrieg. Bei den Kämpfen wurden einige dieser Panzer auf beiden Seiten eingesetzt.

Nach der erfolgreichen Revolution der Bolschewiki begann eine rücksichtslose Industrialisierung, die zum Hungertod von unzähligen Menschen führen sollte. 1922, nach dem Sieg über die Kräfte der Weißen, wurde die Sowjetunion ausgerufen. Zwei Jahre später sollte Stalin die Macht im ZK an sich reißen. Er trieb den Aufbau der Industrie gnadenlos voran. Bis 1940 sollte die Sowjetunion den Anschluss an die entwickelten Staaten des Westens erreicht haben.

Im Zuge des Aufbaus der Schwerindustrie sollte die UdSSR schnell eine eigene Panzerproduktion aufstellen. Bereits die ersten 14 FT-17, die die Rote Armee von weißen Verbänden erbeuten konnte, wurden als Grundlage für die bescheidenen Anfänge genutzt.

Bei der technischen Überholung der FT-17 in Krasnoje Sormowo lernten die Ingenieure

Mit dem T-18 oder MS-1 wurden erstmals größere Stückzahlen erreicht. Er zeigt deutliche Unterschiede zum FT-17, besonders im Bereich des Fahrwerks. Dieser Panzer wurde während des Verladens auf eine Fähre fotografiert. (Netrebenko)

DIE ZWISCHENKRIEGSZEIT

Der T-24 ähnelte dem Konzept des T-18 noch stark. Die Bauweise des Fahrwerks ist identisch, wenn auch vergrößert. Der Turm hingegen war groß genug, um ein leistungsfähigeres 45-mm-Geschütz aufzunehmen. (Netrebenko)

genug, um zwischen 1920 und 1922 weitere 15 Kopien als Russki-Reno zu bauen. 1928 erschien eine verbesserte Variante, der T-18. Dieser Panzer, auch MS-1 genannt, sollte in etwa dieselben technisch-taktischen Leistungen wie der FT-17 zeigen. Obwohl zehn Jahre später als sein französischer Urahn produziert und nicht mehr zeitgemäß, waren diese Erfahrungen wichtig für die russische Rüstungsindustrie. Insgesamt wurden ca. 1.000 Panzer hergestellt – die Grundlage für die sowjetische Panzerwaffe.

Der T-24 von 1931 war wohl der erste im Alleingang entwickelte russische Panzer. Er zeigte ein einfaches 8-Rollen-Laufwerk, das dem des MS-1 ähnelte. Der Panzer war kein großer Wurf, die wenigen gebauten Exemplare wurden wohl nur auf Paraden eingesetzt. Immerhin sollte das Laufwerk für eine recht erfolgreiche Artillerie-Zugmaschine Verwendung finden.

Beginn der Moderne

Ende der 1920er-Jahre wurden einige Exemplare des englischen Vickers Mk E samt der Lizenzen erworben. Etwa gleichzeitig wurde auch der US-amerikanische Christie M-1931 gekauft. Die russischen Ingenieure mussten er-

Der T-26 M 1931 war mit zwei Türmen ausgestattet. So konnten die beiden MG unabhängig eingesetzt werden. Im modernen Bewegungskrieg war diese Auslegung nicht mehr zeitgemäß. (Wilhelm)

Typ	Leichter Panzer T-26 M 1931	Leichter Panzer T-26 M 1933	Leichter Panzer T-26 M 1939
Bewaffnung	2 MG	45 mm, 1 MG	45 mm, 2 MG
Besatzung	3	3	3
Funk	nein	nein	teilweise
Panzerung, frontal	15 mm	15 mm	bis 20 mm
Gewicht	8,6 t	9,6 t	9,8 t
Motorleistung	90 PS	90 PS	95 PS
Höchstgeschwindigkeit	32 km/h	32 km/h	32 km/h
Leistungsgewicht	10,5 PS/t	9,4 PS/t	9,4 PS/t
Bodendruck	0,60 kg/cm²	0,66 kg/cm²	0,66 kg/cm²
Reichweite	bis 140 km	bis 140 km	bis 240 km
Gebaute Stückzahl		> 10.000 (alle Varianten)	

Ein Teil der T-26 M 1931 wurden als Pionierfahrzeuge mit Flammenwerfern ausgerüstet. Dazu wurde ein Turm komplett entfernt. (Anderson)

kennen, dass diese Fahrzeuge den eigenen Entwicklungen überlegen waren, besonders im kraftfahrtechnischen Bereich.

Die allgemeingültige Militärdoktrin der Zwanzigerjahre verlangte noch immer zwei unterschiedliche Panzertypen. Infanterie- und Kavalleriepanzer sollten jeweils eigene Aufgaben übernehmen.

T-26

Die englischen Vickers sollten nun als Grundlage für eine eigene Entwicklung dienen. 1932 liefen die ersten T-26 Modell 1931 vom Band. Die Panzer entstanden komplett in genieteter Bauweise mit leichten Abwandlungen zum Original. Der englische Motor wurde, wie auch das Fahrwerk samt Federung, ohne weitere Änderungen übernommen und in eigenen Werken produziert. Wie der Vickers Mk E Typ A war der M 1931 mit zwei unabhängigen Türmen bestückt, die jeweils ein Maschinengewehr trugen. Ihr Einsatzspektrum deckte die Unterstützung gemischter Formationen ab.

Im Jahre 1933 ging ein weiteres Modell in Produktion, der T-26 M 1933. Mit dieser Variante wurde ein großer zylindrischer Turm eingeführt, der eine 45-mm-Kanone tragen sollte.

Der T-26 wurde während seiner Produktion sukzessive weiterentwickelt. So wurde bereits 1936 ein Turm in geschweißter Bauweise mit leicht geneigten Seiten eingeführt. Mit dem M 1939 sollten auch die Wannenoberteile schussabweisend gestaltet werden.

Mit dem Modell 1933 wurde ein größerer zylindrischer Turm mit einer 45-mm-Kanone eingeführt. Obwohl der T-26 von einfacher Konstruktion war, zählte er bei seiner Einführung zu den kampfstärksten Panzern weltweit. (Anderson)

Der T-26 wurde sukzessive weiterentwickelt. Das Modell 1939 wurde in geschweißter Bauweise konstruiert und zeigte schräge, schussabweisende Panzerplatten an Aufbau und Turm. (Anderson)

Vom T-26 in all seinen Varianten sollten mehr als 10.000 Exemplare gebaut werden. Dazu müssen noch knapp 2000 Spezialfahrzeuge hinzugerechnet werden.

BT-Serie

Die BT-Serie wurde parallel zum T-26 entwickelt. Diese schnellen (Kavallerie)-Panzer entstanden auf Basis der Entwicklungen des Amerikaners John Christie. Dieser hatte seine bahnbrechenden Panzer seit Jahren erfolglos der US Army angeboten. Sowjetische Mittelsmänner in den Vereinigten Staaten berichteten von seiner langjährigen Arbeit und erregten das Interesse russischer Militärplaner.

Christies Panzerfahrzeuge waren als Zwitterfahrzeuge ausgelegt. Das kompakte Rollenfahrwerk konnte einerseits mit Gleisketten betrieben werden, um eine maximale Geländegängigkeit zu erreichen. Zur Erreichung von hohen Marschgeschwindigkeiten auf befestigten Straßen konnten die Ketten abgenommen und am Fahrzeug mitgeführt werden. Christies Panzer konnten in beiden Fahrmodi bemerkenswerte Geschwindigkeiten erreichen.

Die Sowjets konnten zwei turmlose Christie M 1931 in die Sowjetunion einführen. Dort begann 1932 die Produktion des ersten russischen Modells, des BT-2 (BT = schneller Panzer). 1935 folgte dann die erste in großen

Typ	Leichter Panzer BT-5 M 1933	Leichter Panzer BT-7 M 1938
Bewaffnung	45 mm, 1 MG	45 mm, 1 MG
Besatzung	3	3
Funk	nein	teilweise
Panzerung, frontal	13 mm	bis 22 mm
Gewicht	11,6 t	13,8 t
Motorleistung	365 PS	500 PS
Höchstgeschwindigkeit	53 km/h auf Ketten / 72 km/h auf Rädern	53 km/h auf Ketten / 72 km/h auf Rädern
Leistungsgewicht	31,5 PS/t	36,2 PS/t
Bodendruck	0,79 kg/cm^2	0,79 kg/cm^2
Reichweite	bis 430 km	bis 430 km
Gebaute Stückzahl	>10.000 (alle Varianten)	

Sowjetische Panzer vor einer Parade anlässlich des Tages der Panzerwaffe in Leningrad 1939. Im Hintergrund sind T-26 verschiedener Baulose erkennbar. Vorne sind Bt-5 aufgefahren. (Anderson)

Dieser BT-5 wurde während des deutschen Vormarsches im Sommer 1941 erbeutet. Wie der T-26 wurde eine große Zahl BT-5 gegen die deutschen Invasoren eingesetzt, fast alle endeten als Schrott. Sowohl BT-5 als auch T-26 M 1933 trugen denselben Turm. Die typischen Plattenketten sind gut sichtbar. (Anderson)

Stückzahlen produzierte Variante, der BT-5. Die hier wiedergegebenen technischen Daten wurden deutschen Quellen entnommen. Das Heereswaffenamt testete erbeutete Panzer und fertigte genaue Protokolle an.

Mittlere und schwere Panzer
T-28

Die Sowjets investierten sehr viel Geld in die Rüstung der Roten Armee. Der Panzerbau des Auslands wurde genau verfolgt und analysiert. Eigene Ideen flossen in die Entwicklungsarbeit ein. Teilweise waren die russischen Ingenieure ihrer Zeit weit voraus. Doch nicht alles war mit den Mitteln der russischen Industrie umsetz-

Im Gegensatz zu den deutschen Panzern waren nur wenige russische Fahrzeuge, zumeist die der Kompaniechefs, mit Funkgeräten ausgestattet. Dieser BT-5 trägt eine Rahmenantenne. Die Wanne des Panzers war genietet. (Anderson)

Analog zum T-26 M 1939 wurde auch die BT-Serie weiterentwickelt. Dieser BT-7 zeigt eine geschweißte Wanne und den späteren, besser geformten Turm. Die Plattenketten wurden entfernt und auf den Kettenabdeckungen verstaut – der Panzer ist bereit zur Straßenfahrt. (Anderson)

bar, Panzer wie der ambitionierte „Tank Grotte" waren schlicht zu komplex. Noch vor der Serienproduktion des konventionellen T-26 und des fortschrittlichen, schnellen BT-Panzers wurden Ende der 1920er-Jahre auch schwerere Panzer entwickelt. Mehrere Typen erreichten nie die Truppenreife, zu aufwendig war die Technik.

Der Vickers „Independent" beeinflusste die Rüstungsentwicklungen vieler Staaten, so auch Russlands. Dieser allgemeinen Entwicklung folgend, wurde das Konzept des „Independent"

Typ	Mittlerer Panzer T-28
Bewaffnung	76,2 mm, 4 MG
Besatzung	6
Funk	ja
Panzerung, frontal	30 mm
Gewicht	28 t
Motorleistung	500 PS
Höchstgeschwindigkeit	37 km/h
Leistungsgewicht	18 PS/t
Bodendruck	k.A.
Reichweite	bis 220 km
Gebaute Stückzahl	> 500

Dieser T-28 wurde zu Beginn des Russland-Feldzuges abgeschossen. Der Hauptturm und der linke der beiden MG-Türme sind gut erkennbar. Eine typische Eigenart vieler russischer Panzertypen war das im Turmheck eingebaute MG, ein probates Mittel gegen Nahkämpfer. (Anderson)

im Großen und Ganzen kopiert. Ab 1931 wurde der T-28 als mittlerer Panzer produziert. Er trug im Hauptturm eine kurzkalibrige 76,2-mm-Kanone. Beidseitig des Fahrers waren zwei MG-Türme montiert, die die individuelle Bekämpfung von weichen Zielen erlaubten. Zur Zeit seiner Einführung zeigte der T-28 respektable Leistungen. Vergleichbare Panzer standen anderen Nationen nicht zur Verfügung. Die Fahreigenschaften des T-28 waren jedoch nicht gut. Ein Wenden auf der Hochachse war nicht möglich, die Federung war nicht ausreichend, das Getriebe erwies sich als sehr anfällig.

T-35

Parallel zum T-28 wurde ein weiterer Mehrturmpanzer entwickelt. Dieser sollte als schwerer Panzer einen Hauptturm (76,2 mm), zwei weitere Geschütztürme (45 mm) und zwei MG-Türme tragen. Ab 1935 begann die Produktion des T-35, bis 1938 wurden mehr als 60 Exemplare produziert.

Der T-35 hatte eine beträchtliche Kampfkraft. Auch die Panzerung war mit 30 mm durchaus ausreichend, trotzdem wurde 1936 der frontale Schutz auf 50 mm erhöht. Wie der T-28 litt der schwerere T-35 an mangelnder Beweglichkeit und großer mechanischer Unzuverlässigkeit.

Typ	Schwerer Panzer T-35
Bewaffnung	76,2 mm, 2 x 45 mm, bis 6 MG
Besatzung	11
Funk	ja
Panzerung, frontal	50 mm
Gewicht	50 t
Motorleistung	500 PS
Höchstgeschwindigkeit	30 km/h
Leistungsgewicht	10 PS/t
Bodendruck	k.A.
Reichweite	bis 150 km
Gebaute Stückzahl	> 60

Deutschland

Nach dem Ende des Ersten Weltkrieges wurden dem Deutschen Reich neben enormen Reparationszahlungen auch weitgehende Rüstungsbeschränkungen auferlegt. Der Versailler Vertrag untersagte unter anderem Entwicklung, Fertigung und Import von Panzerfahrzeugen. So wurde 1920 die Zahl der Pistolen im Reichsheer auf 52.000 Stück, die der Gewehre und Karabiner auf 156.000 begrenzt. 1.000 Tankabwehrgewehre (zur Abwehr von Panzerkraftwagen bei Unruhen) wurden dem 100.000-Mann-Heer zugebilligt.

Diese Regelungen wurden ab Mitte der 20er-Jahre immer frecher umgangen. Bereits

Wie ein leckgeschlagenes Schlachtschiff liegt dieser T-35 an der Vormarschstraße. Der Hauptturm mit dem 76,2-mm-Geschütz (das Rohr scheint abgebrochen) und die beiden Geschütztürme sind gut erkennbar. Zwei weitere MG-Türme vervollständigten die Ausrüstung. In gewissen Gefechtslagen konnte die massive Feuerkraft sicher Vorteile bringen.
(Anderson)

58 DIE ZWISCHENKRIEGSZEIT

Ein Rheinmetall-Leichttraktor während einer Übung. Eine Rahmenantenne weist auf den Einbau eines Funkgerätes hin. Das Fahrzeug ist im Mehrfarben-Tarnanstrich der Reichswehr abgetarnt. (Anderson)

Krupp-Leichttraktor auf einer Parade in den 1930er-Jahren. Fahrer und Funker schauen aus ihren Luken. Dieser Wagen wurde versuchsweise auf ein vereinfachtes 4-Rollen-Laufwerk umgerüstet und trägt eine Rahmenantenne. (Anderson)

frühzeitig wurde die Entwicklung von modernen Panzerfahrzeugen als Grundlage für ein neues deutsches Heer gefordert und vorangetrieben. Verschiedene deutsche Industriefirmen, wie Daimler Benz, Rheinmetall und Krupp, wurden unter Vertrag genommen. Die Lastenhefte für einen leichten und einen mittleren Panzer wurden 1927/28 festgelegt. Beide Fahrzeuge wurden unter Verwendung von Tarnbezeichnungen entwickelt, „Kleintraktor" (später „Leichttraktor" genannt) und „Großtraktor".

Die Stabsoffiziere Lutz und Guderian dürfen als Paten der deutschen Panzertruppe gelten. Sie erarbeiteten mit dem neu aufgestellten Heereswaffenamt die Eckpunkte für die zu entwickelnden modernen Panzer: Gasdichte, hohe Watfähigkeit und Bodenfreiheit, Rundumfeuer aus einem Turmgeschütz, MG zur Selbstverteidigung. Interessant ist, dass die Höhe des Pan-

Typ	Krupp-Leichttraktor	Rheinmetall-Leichttraktor
Bewaffnung	3,7 cm, 1 MG	3,7 cm, 1 MG
Besatzung	4	4
Funk	ja	ja
Panzerung, frontal	14 mm	14 mm
Gewicht	8,7 t	9 t
Motorleistung	100 PS	100 PS
Höchstgeschwindigkeit	30 km/h	30 km/h
Leistungsgewicht	11,5 PS/t	11,1 PS/t
Bodendruck	0,73 kg/cm²	0,71 kg/cm²
Reichweite	bis 130 km	bis 130 km
Gebaute Stückzahl	Versuchsstücke	

zerschutzes nicht definiert wurde, Beweglichkeit und taktische Führung wurden höher bewertet. In diesem frühen Stadium wurde noch kein Funkgerät gefordert, was sich bald ändern sollte.

Leichttraktor

Krupp und Rheinmetall wurden mit der Entwicklung eines leichten Panzers beauftragt, beide Firmen lieferten um 1930 jeweils eigene Entwicklungen. Die Fahrzeuge wurden durch den Daimler-Motor angetrieben. Der Einbau von Funkgeräten war von vornherein eingeplant worden, ein Mann war zur Bedienung vorgesehen. Von beiden Fahrzeugen wurden lediglich Versuchsstücke angefertigt. Bei den Erprobungen im russischen Kazan konnten wertvolle Erfahrungen gesammelt werden.

Großtraktor

Der mittlere Kampfpanzer, der Großtraktor, wurde dem Zeitgeist folgend als Mehrturmpanzer ausgelegt. Der Hauptturm sollte eine 7,5 cm-Kampfwagenkanone (KwK) und ein MG tragen, in einem hinten eingebauten Turm war ein Maschinengewehr vorgesehen. Ein weiteres MG war starr vorne in der Wanne eingeplant.

Daimler-Benz, Krupp und Rheinmetall wurden mit der Entwicklung und Produktion von jeweils zwei Versuchsstücken beauftragt. Da alle Versuchsfahrzeuge nur der Erprobung

Typ	Daimler Benz-Großtraktor
Bewaffnung	7,5 cm, 3 MG
Besatzung	6
Funk	ja
Panzerung, frontal	14 mm
Gewicht	16 t
Motorleistung	260 PS
Höchstgeschwindigkeit	40 km/h
Leistungsgewicht	16,2 PS/t
Bodendruck	0,53 kg/cm²
Reichweite	bis 150 km
Gebaute Stückzahl	Versuchsstücke

Alle Großtraktoren beendeten ihre Dienstzeit als Denkmäler in den Garnisonen der neu aufgestellten Panzerdivisionen. Diesen Daimler-Benz-Großtraktor scheint eben dieses Schicksal zu erwarten. Das Geschützrohr ist ausgebaut, ein Holzklotz stützt das Mantelrohr. (Anderson)

Diese Heckansicht des Großtraktors zeigt den hinten eingebauten MG-Turm. Die Herstellerfirmen Daimler-Benz, Krupp und Rheinmetall sammelten wertvolle Erfahrungen während der Tests mit den technisch sehr ähnlichen Fahrzeugen. (Anderson)

60 DIE ZWISCHENKRIEGSZEIT

Neubaufahrzeug Rheinmetall Nr. 1 auf dem Bahntransport. Beide Hauptwaffen waren hier übereinander eingebaut. Der vordere MG-Turm wird durch den hochgeklappten Kotflügel verdeckt. Die große Rahmenantenne wurde bei späteren Fahrzeugen gegen eine weniger auffällige Stabantenne ersetzt. (Zöllner)

der Kraftfahrzeugtechnik dienen sollten, waren diese in Weichstahl ausgeführt. Wie die Leichttraktoren wurden die sechs Fahrzeuge 1929 in Kazan ausgiebig getestet.

Neubaufahrzeug

1932 wurde in der Folge der Erprobungen der Leicht- und Großtraktoren ein weiterer mittlerer Panzer entwickelt, später Neubaufahrzeug genannt. Zwei Fahrzeuge wurden von Rheinmetall und Krupp in Weichstahl geliefert, drei weitere in Panzerstahl. Wieder wurden diese Fahrzeuge mit einem Geschütz- und zwei MG-Nebentürmen konzipiert. Interessant war die Tatsache, dass im Turm eine 7,5-cm-Hauptwaffe und eine 3,7-cm-Kanone nebeneinander lafettiert wurden. Anders als die anderen deutschen Versuchsfahrzeuge sollten diese Fahrzeuge 1940 in Norwegen noch im scharfen Einsatz Verwendung finden.

Typ	Neubaufahrzeug
Bewaffnung	7,5 cm, 3,7 cm, 3 MG
Besatzung	6
Funk	ja
Panzerung, frontal	16–20 mm
Gewicht	23 t
Motorleistung	290 PS
Höchstgeschwindigkeit	30 km/h
Leistungsgewicht	12,6 PS/t
Bodendruck	0,69 kg/cm²
Reichweite	bis 120 km
Gebaute Stückzahl	5 Versuchsstücke

Beginn einer Panzerfertigung moderner Prägung

Die deutsche Industrie konnte während der Entwicklung und Erprobung der frühen Versuchsfahrzeuge wertvolle Erfahrungen sammeln. Während ausgiebiger Feldübungen im Verbandsrahmen stellten Lutz und Guderian taktische Forderungen an die neuartigen gepanzerten Gefechtsfahrzeuge auf. Diese militärischen Forderungen wurden dann dem technisch und wirtschaftlich Machbaren gegenübergestellt.

In den frühen 1930er-Jahren wurde so das Konzept für die deutsche Panzerwaffe aufgestellt. Die Pläne sahen einen leichten Panzer mit panzerbrechender Kanone und Maschinengewehren sowie einen mittleren mit einer großkalibrigen Kanone vor. Während der leichte den Kampf mit feindlichen Panzern aufnehmen sollte, kam dem mittleren Panzer eine Überwachungs- und Unterstützungsaufgabe zu. Als panzerbrechende Waffe wurde damals eine 3,7 cm-Kanone ausgewählt (Guderian favorisierte eine 5-cm-Waffe, um den Panzern einen Entwicklungsvorsprung zu geben).

Die Entscheidung fiel zugunsten der leichteren Waffe, da das Heer dasselbe Kaliber bereits als Panzerabwehrkanone nutzte. Immerhin konnte durchgesetzt werden, dass der Drehkranz des Panzers groß genug für eine spätere Umbewaffnung war. Die Traglast deutscher

Ein späteres, in Panzerstahl ausgeführtes Neubaufahrzeug. Die Hauptbewaffnungen waren nun nebeneinander eingebaut. Die – verbogene – Stabantenne am Turm ist gut sichtbar. Dieses Foto entstand wohl gegen 1939, erkennbar durch das weiße Balkenkreuz. Die taktische Nummer 10 weist auf die Eingliederung in eine gemischte Panzerkompanie hin. (Anderson)

Brücken im Sinn, sollte das Gewicht beider Panzer 24 t nicht überschreiten.

Wanne, Panzerkasten und Turm sollten dem neuesten Stand der Technik entsprechend in geschweißter Bauweise hergestellt werden. Das Ausland favorisierte genietete oder Guss-Konstruktionen, die eine deutlich geringere Schussfestigkeit aufwiesen.

Aufgrund der Erfahrungen kristallisierte sich nun die klassische deutsche Aufgabenverteilung heraus: Kommandant, Fahrer, Richtschütze, Ladeschütze und Funker. Die deutschen Planer maßen der taktischen Führung des Panzers eine sehr große Bedeutung zu. Im Ausland waren vergleichbare Panzer oft mit nur drei Mann besetzt. Der Kommandant war mit der Führung des Fahrzeugs, der Bedienung der Waffen und, wenn vorhanden, des Funkgeräts, überlastet.

Außerdem hatte die Ausstattung jedes Panzers mit Funk in Deutschland hohe Priorität. Das waren ambitionierte Ziele, aber diese moderne Vision sollte sich später im Einsatz auszahlen. Den verantwortlichen Stabsoffizieren Lutz und Guderian war bewusst, dass die angespannte wirtschaftliche Lage einen sofortigen Massenausstoß der geforderten Typen nicht erlaubte. Daher wurde entschieden, auf Basis des britischen Carden-Loyd-Systems zunächst einen leichten MG-Träger einzuführen.

Panzerkampfwagen I

Der PzKpfw I wurde ab 1933 als Erstausstattung der Panzerdivisionen eingeführt. Dieses leichte Panzerfahrzeug zeigte die Grundauslegung aller folgenden deutschen Panzertypen. Der Motor lag hinten, Getriebe und Lenkung waren vorne untergebracht. Die Hauptbewaffnung, zwei Maschinengewehre, waren in einem Drehturm untergebracht. Die Besatzung umfasste zwei Mann, ein Funkgerät (nur Empfänger) war grundsätzlich eingebaut.

Mit diesem kleinen und wirtschaftlichen Fahrzeug war die Aufstellung einer Panzerwaf-

Ein PzKpfw I Ausf. A in der Vorkriegszeit. Das Carden-Loyd-Fahrwerk ist klar zu erkennen. Wie alle deutschen Panzer entstand das Fahrzeug komplett in geschweißter Bauweise. Die Antenne des Funkgeräts ist hochgeklappt. (Historyfacts)

Der Pzkpfw I Ausf. B zeigte ein um eine Laufrolle verlängertes Laufwerk. In der so verlängerten Wanne konnte ein stärkerer und zuverlässigerer Maybach-Motor eingebaut werden. Der Fahrer dieses Panzers präsentiert stolz die Geländetüchtigkeit seines Fahrzeugs.
(Anderson)

fe in großem Maßstab möglich, auch unter dem Eindruck einer wirtschaftlich problematischen Lage des Deutschen Reiches. Mit den damaligen begrenzten Mitteln wurde aus eigener Kraft ein Kampfwagen geschaffen, der zum Zeitpunkt seiner Einführung durchaus für den Kampfeinsatz in einem späteren Konflikt vorgesehen war. Die Panzerung des PzKpfw I war sicher gegen Beschuss von leichten Infanteriewaffen (SmK, Spitzgeschoss mit Kern).

Der PzKpfw I sollte von großem Nutzen sein. In den leichten Fahrzeugen wurden Tausende von Panzerbesatzungen ausgebildet, der Grundstock für die Überlegenheit der deutschen taktischen Führung im kommenden Zweiten Weltkrieg. Das nationalsozialistische Regime nutzte die Panzer auch als ideales Mittel der Propaganda, im ganzen Land fanden Aufmärsche und Paraden statt.

Der PzKpfw I wurde in zwei Varianten gebaut (Ausf. A und Ausf. B), die sich im Wesentlichen in der Länge des Fahrgestells und der Art des Motors unterschieden. Ab 1940 wurden mehrere Selbstfahrlafetten auf dem Fahrgestell des PzKpfw I produziert.

Panzerkampfwagen II

Der PzKpfw II entstand ebenfalls aus der Forderung nach einem wirtschaftlichen gepanzerten Kampffahrzeug, das die Lücke bis zur Auslieferung der leichten und mittleren Kampfpanzer füllen sollte. Geringfügig größer als der PzKpfw I sollte dieser von MAN gebaute Panzer mit einer 2-cm-Waffe ausgestattet werden. Der Panzer war auf normale Kampfentfernung sicher gegen Beschuss durch Infanteriewaffen mit SmK-Munition (Spitzgeschoss mit Kern). Vor Ausbruch des Krieges entstanden mehrere Versionen, die sich besonders im Bereich des Fahrwerks unterschieden (siehe Fotos). Die Serienfahrzeuge hatten fünf Laufrollen, die mittels außen liegender Blattfedern

Typ	PzKpfw I Ausf. A	PzKpfw I Ausf. B
Bewaffnung	2 MG	2 MG
Besatzung	2	2
Funk	ja	ja
Panzerung, frontal	13–15 mm	13–15 mm
Gewicht	5,4 t	5,8 t
Motorleistung	60 PS	100 PS
Höchstgeschwindigkeit	37 km/h	42 km/h
Leistungsgewicht	11,1 PS/t	17,2 PS/t
Bodendruck	0,39 kg/cm²	0,52 kg/cm²
Reichweite	bis 140 km	bis 170 km
Gebaute Stückzahl	1.190	399

DEUTSCHLAND

Die ersten Baulose des PzKpfw II hatten recht einfach gehaltene 6-Rollen-Laufwerke, deren Rollenwagen durch Metallprofile stabilisiert wurden. Hier demonstriert eine Ausf. B die Überwindung einer Panzersperre, einige Laufrollen hängen lose in der Luft. (Hoppe)

abgefedert wurden. Die Antriebsaggregate (Motor, Gangschaltung) waren leicht nach rechts in der Wanne verlagert.

Anders als der PzKpfw I, konnte der PzKpfw II in gewissen Grenzen den wachsenden Ansprüchen angepasst werden. Diese Kampfwertsteigerungen betrafen im Wesentlichen die Stärke der Panzerung. Die frontale Panzerung späterer Versionen konnte durch aufgeschraubte oder -gebolzte Platten auf 35 mm verstärkt werden. Das Fahrgestell des PzKpfw II diente auch als Basis für eine Reihe von Panzerjäger- und Artillerie-Selbstfahrlafetten.

Im Jahre 1937 wurden parallel zu den Panzerdivisionen weitere vollmotorisierte leichte Divisionen geschaffen, die die Aufgaben der ehemaligen Kavallerie übernehmen sollten (Aufklärung, schnelle Inbesitznahme von wichtigen Geländeteilen). Diese hochbeweglichen leichten Divisionen sollten in der Lage

sein, mit den auf Lkw verlasteten Panzern jedem Vormarsch rasch zu folgen. Die benötigten schnellen Panzer sollten in aller Schnelle entwickelt werden. Zu diesem Zeitpunkt wurde auch das Konzept des PzKpfw II kritisch hinterfragt. Da die kleinen Laufrollen und deren

Mit der Ausf. C wurde ein verbessertes 5-Rollen-Laufwerk eingeführt. Obgleich dem älteren deutlich überlegen, hatten die außenliegenden Blattfeder-Pakete und die Gummibeläge der Rollen immer noch eine unzureichende Lebensdauer. Verglichen mit den Panzern anderer Nationen verfügten die deutschen Panzer über sehr gute Beobachtungsmittel. Zudem hatte jedes Mitglied der Besatzung eine Einstiegs- und Fluchtluke. (Anderson)

Typ	PzKpfw II Ausf. C	PzKpfw II Ausf. D
Bewaffnung	2 cm KwK, 1 MG	2 cm KwK, 1 MG
Besatzung	3	3
Funk	ja	ja
Panzerung, frontal	14,5 mm	30 mm
Gewicht	8,9 t	11 t
Motorleistung	140 PS	140 PS
Höchstgeschwindigkeit	39,5 km/h	55 km/h
Leistungsgewicht	15,7 PS/t	12,8 PS/t
Bodendruck	0,73 kg/cm²	0,80 kg/cm²
Reichweite	bis 190 km	bis 200 km
Gebaute Stückzahl	250 (Ausf. A1 bis C)	43

DIE ZWISCHENKRIEGSZEIT

Die Ausf. D zeigte ein nochmals modifiziertes Laufwerk. Die großen Laufrollen und die neue Kette erlaubten hohe Geschwindigkeiten, die innenliegenden Torsionsfedern verbesserten die Federungseigenschaften beträchtlich. Fotos der späteren Flammpanzer zeigten in einigen Fällen auch eine geschmierte Hochgeschwindigkeitskette mit Gummipolstern, die sich scheinbar nicht bewährte. (Zöllner)

Der PzKpfw III Ausf. A zeigte ein fast elegantes, flach gebautes 5-Rollen-Laufwerk. Die Frage der Fahrwerksfederung war technisch noch nicht befriedigend gelöst, in den ersten Baureihen wurden verschiedene Techniken getestet. (Münch)

Blattfedern schnell verschlissen, wurde eine technische Lösung gefordert. Das führte zur Entwicklung einer neuen Variante. Die Ausf. D zeigte vier große Laufrollen, die durch Drehstäbe gefedert wurden. Motor und Getriebe waren nun mittig eingebaut. Die Panzerung wurde auf max. 30 mm verstärkt. Der geplante taktische Einsatz der leichten Divisionen erwies sich jedoch als Sackgasse, da das benötigte gute Straßennetz nicht überall vorhanden war. Das Fehlen der schweren Panzerkompanie wurde ebenfalls bemängelt. Die leichten Divisionen wurden daher aufgelöst, die Fertigung des PzKpfw Ausf. D lief bald aus. Das Fahrgestell sollte später als Basis für einen Flammpanzer und eine Panzerjäger-Selbstfahrlafette dienen, eine begrenzte Produktion lief weiter bis Anfang 1942.

Panzerkampfwagen III

Mitte der 1930er-Jahre wurde der bereits früh geforderte leichte Panzerkampfwagen entwickelt. Zunächst unter dem Tarnnamen „Zugführerwagen" geführt, setzte sich bald die Bezeichnung PzKpfw III durch. Der PzKpfw III sollte in einem kommenden Konflikt die Hauptlast der Panzerkämpfe tragen. Zu diesem Zweck war dieser mit einer 3,7-cm-Kanone mit panzerbrechender Munition ausgestattet. Das Konzept des Panzers erlaubte sowohl eine stetige Verstärkung der Frontpanzerung als auch den Einbau schwererer Waffen. Die Ausf. E zeigte zu Beginn des Krieges eine frontale Panzerstärke von 30 mm, ausreichend gegen Beschuss der französischen 25-mm-PaK.

Die Wanne entstand in geschweißter Bauweise, die grundsätzliche Aufteilung entsprach der seiner Vorläufer. Wie beim PzKpfw II wurden zu Beginn der Produktion verschiedene Laufwerke getestet. Die Ausf. A zeigte ein 5-Rollenlaufwerk mit außenliegenden Schrau-

DEUTSCHLAND 65

benfedern (zehn gebaut), die folgenden Varianten B, C, und D waren mit 8-Rollenlaufwerken ausgestattet, die durch jeweils unterschiedliche Blattfederpakete abgefedert wurden (insgesamt 60 gebaut). Von der Ausf. D1 wurden nochmals 30 Fahrzeuge zur Schaffung von Befehlswagen produziert.

Mit der Ausf. E wurde das endgültige 6-Rollenlaufwerk mit innenliegenden Drehstabfedern eingeführt. Nach Überwindung einiger technischer Probleme sollte der PzKpfw III stetig weiterentwickelt werden, er blieb bis ins Jahr 1942 der wichtigste deutsche Kampfpanzer.

Mit der Ausf. B wurde ein 8-Rollen-Laufwerk mit sehr aufwendiger Blattfederung eingeführt. Alle Komponenten waren ohne Panzerschutz der feindlichen Waffenwirkung ausgesetzt. Der Grundaufbau des Panzers blieb im Prinzip unangetastet. Die beiden Turm-MG neben der Hauptbewaffnung sind gut erkennbar. Das MG im Aufbau hingegen wurde ausgebaut. (Anderson)

Typ	PzKpfw III Ausf. A	PzKpfw III Ausf. E
Bewaffnung	3,7 cm, 3 MG	3,7 cm, 3 MG
Max. Durchschlagskraft auf 1.000 m	22 mm	22 mm
Besatzung	5	5
Funk	ja	ja
Panzerung, frontal	14,5 mm	30 mm
Gewicht	15 t	19,5 t
Motorleistung	250 PS	285 PS
Höchstgeschwindigkeit	35 km/h	65 km/h
Leistungsgewicht	16,7 PS/t	14,6 PS/t
Bodendruck	0,68 kg/cm^2	0,90 kg/cm^2
Reichweite	bis 165 km	bis 165 km
Gebaute Stückzahl	10	96

66 DIE ZWISCHENKRIEGSZEIT

Das 8-Rollen-Laufwerk sollte bei den folgenden Ausführungen C und D leicht modifiziert werden. Wieder fällt die Komplexität der Federung auf. Hier ist eine Ausf. D1 sichtbar, alle Fahrzeuge dieser Serie wurden als Panzerbefehlswagen ausgeliefert. Diese stellten den ständigen Funkkontakt zwischen den Kampfkompanien und übergeordneten Stellen sicher, eine weitere Stärke der deutschen Panzertruppe. (Anderson)

Auf der Wanne des PzKpfw III wurde ab 1940 das Sturmgeschütz produziert. Eigentlich als Unterstützungsfahrzeug der Infanterie entwickelt, sollte sich dieses Fahrzeug später als sehr erfolgreicher Panzerjäger erweisen.

Panzerkampfwagen IV

Parallel zum PzKpfw III wurde unter der Tarnbezeichnung „Begleitwagen" der PzKpfw IV entwickelt. Dieser sollte der kämpfenden Truppe folgen und den Vormarsch mit Spreng- und Nebelgeschossen seiner 7,5-cm-Kanone unterstützen. Sein Einsatzprofil sah die Bekämpfung befestigter oder teilgedeckter Artillerie- und PaK-Stellungen sowie von MG-Nestern vor. Das Konzept war dem des PzKpfw III sehr ähnlich, die technischen Daten waren fast identisch. Seiner Aufgabe entsprechend wurde die Panzerstärke gering gehalten, mit 14,5 mm war sie lediglich SmK-sicher. Der Kampf

Mit der Ausf. E wurde das endgültige Laufwerk des PzKpfw III eingeführt, das bis Kriegsende in Produktion blieb. Sechs mittelgroße Laufrollen wurden durch innenliegende Torsionsstäbe abgefedert. Vorne und hinten sorgten Stoßdämpfer für eine Stabilisierung. Diese ersten Großserienfahrzeuge erreichten dank des eingebauten Variorex-Getriebes materialzermürbende Geschwindigkeiten bis 65 km/h. (Münch)

Entsprechend dem ursprünglichen Einsatzprofil hatte der PzKpfw IV Ausf. A nur eine schwache Frontpanzerung von 14,5 mm. Diese Variante ist gut durch die zylindrische Kommandantenkuppel und die gebogene Wannenfront erkennbar. Das Foto zeigt den Wagen des Kommandeurs des PzRgt 1, Otl Koppenburg, es entstand im Juni 1940 vor Belfort. (NARA)

gegen Panzer war nur im Notfall vorgesehen, aber dank des großen Kalibers durchaus erfolgversprechend.

1936 wurde durch Krupp-Gruson das erste Serienfahrzeug ausgeliefert. Das Fahrwerk war von einfacher Bauart, acht Laufrollen waren in jeweils vier blattgefederten Rollenwagen montiert.

Der PzKpfw IV, ursprünglich als Begleitwagen entwickelt, sollte im Laufe der Zeit zum zahlenmäßig wichtigsten Kampfpanzer des deutschen Heeres reifen. Seine Bauweise erlaubte eine stetige Kampfwertsteigerung durch Einbau leistungsfähiger Waffen sowie Verstärkung der Panzerung. Auch auf Basis dieses Panzers wurden später ein Sturmgeschütz und diverse Selbstfahrlafetten entwickelt.

Typ	PzKpfw IV Ausf. A	PzKpfw IV Ausf. D
Bewaffnung	7,5 cm L/24, 2 MG	3,7 cm, 3 MG
Max. Durchschlagskraft auf 1.000 m	35 mm	35 mm
Besatzung	5	5
Funk	ja	ja
Panzerung, frontal	14,5 mm	30 mm, später 50 mm
Gewicht	18 t	20 t
Motorleistung	230 PS	285 PS
Höchstgeschwindigkeit	33 km/h	42 km/h
Leistungsgewicht	12,8 PS/t	13,2 PS/t
Bodendruck	0,68 kg/cm²	0,83 kg/cm²
Reichweite	bis 210 km	bis 165 km
Gebaute Stückzahl	35	248

Mit der Ausf. B wurde ein kantiger Wannenbug eingeführt, auch der Aufbau wurde neu konstruiert. Aus unerfindlichen Gründen wurde an der nun durchgängig ausgeführten Aufbaufront der Ausf. B und C keine Kugelblende für ein MG montiert. (Historyfacts)

Bei der Ausf. D war die Aufbaufrontplatte wieder gestuft ausgeführt, auch wurde die frontale Panzerung auf 30 mm erhöht. Während der Produktion flossen ständig Verbesserungen ein, die zum Teil auf Fronterfahrungen basierten. Der Bügel unter der Kanone sollte beim Schwenken des Turmes die klappbare Antenne ohne Beschädigung zur Seite schieben. (Hoppe)

Tschechoslowakei

Auch die Tschechoslowakische Republik, die 1918 nach dem Zerfall der Habsburger Monarchie entstanden war, hatte eine leistungsfähige Rüstungsindustrie. In Prag und Brünn waren drei große Rüstungsfirmen ansässig: Skoda, Praga und C.K.D.. Diese Firmen produzierten unter anderem Panzer für das tschechoslowakische Militär und für den Export. Alle diese Entwicklungen entstanden in genieteter Bauweise.

Zunächst wurden um 1930 Carden-Loyd-Kleinpanzer samt der Lizenzrechte eingekauft. Dieses erfolgreiche Modell führte zu einer Eigenentwicklung eines kleinen MG-Trägers. In der Folge baute Skoda 1935 einen Kleinpanzer mit einer 37-mm-Kanone, den S-I-d. Das Fahrzeug wurde in kleinen Stückzahlen gebaut, acht Fahrzeuge wurden an Jugoslawien geliefert. 1934/35 entwickelte Skoda einen leichten Panzer für das tschechoslowakische Heer. Nach einigen Prototypen entstand der LT vz 35, der schließlich bei C.K.D. gebaut wurde. Das 10,5 t schwere Fahrzeug war für drei Mann Besatzung vorgesehen, ein Funkgerät war nicht eingeplant. Die Bewaffnung bestand aus einer 37-mm-Kanone und zwei MG. Die Fertigung begann 1937.

Nach der Besetzung der Tschechoslowakei wurden die vorhandenen 215 Panzer für die Verwendung im deutschen Heer ausgewählt, nach einigen technischen Änderungen wurden die Fahrzeuge als PzKpfw 35 (t) übernommen. Die Änderungen umfassten den Einbau eines Funkgeräts sowie die Eingliederung eines Ladeschützen, um den Kommandanten zu entlasten.

Die Firma C.K.D. entwickelte ab 1934 ein vollständig neues Panzerfahrzeug, den AH-IV. Auffällig war das für diese Zeit sehr einfache, leistungsfähige 4-Rollen-Laufwerk. Die Firma lieferte 50 dieser Fahrzeuge an den Iran,

Der S-I-d trug als Kleinpanzer eine verhältnismäßig leistungsstarke 37-mm-Kanone. Dieses Fahrzeug scheint durch Kampfhandlungen beschädigt worden zu sein. Dies war eines der acht Fahrzeuge, die an Jugoslawien geliefert wurden. (Anderson)

C.K.D. produzierte 215 Fahrzeuge des Typs LT vz 35. Die Lebensdauer der Ketten war mit 3.000 km sehr hoch, die pneumatische Bremsanlage versagte jedoch bei starkem Frost. Dieses Fahrzeug trägt noch den originalen Tarnanstrich, die Antenne wurde jedoch schon nachgerüstet. (Hoppe)

Skoda baute mit dem S-III noch vor dem Krieg eine Weiterentwicklung des LT vz 35. Dieser Panzer war mit einer leistungsstärkeren 47-mm-Kanone ausgerüstet. (Anderson)

DIE ZWISCHENKRIEGSZEIT

Nach leichten Änderungen lief der LT vz 35 als PzKpfw 35 (t) beim deutschen Heer. Dieser Panzer des PzRgt 11 trägt bereits den grauen deutschen Tarnanstrich, die Besatzung besichtigt einen zerstörten russischen BT-7. (Zöllner)

Dieser AH-IV lief als R-1 bei den rumänischen Streitkräften. Die beiden Maschinenwaffen, ein MG im Turm, ein weiteres in der Wanne, sind gut sichtbar. Diese leichten Fahrzeuge waren noch 1942 bei dem Angriff auf Stalingrad im Einsatz. (Anderson)

35 an Rumänien und weitere 50 am Schweden. Das neue Fahrwerk bewährte sich gut, es erlaubte hohe Geschwindigkeiten und war äußerst robust und leicht zu warten.

Der Erfolg des AH-IV führte zur Entwicklung weiterer leichter Panzer. C.K.D. lieferte verschiedene Typen unter anderem an Iran, die Schweiz, Peru, Lettland und Schweden. Ab 1937 schrieb das tschechische Verteidigungsministerium die Entwicklung eines neuen leichten Panzers aus. C.K.D. konnte sich mit dem TNH gegenüber der inländischen Konkurrenz durchsetzen. Der Wagen wurde als LT vz 38 zur Fertigung freigegeben. Die Produkti-

Typ	LT vz 35 PzKpfw 35 (t)	LT vz 38 PzKpfw 38 (t)
Bewaffnung	3,7 cm, 2 MG	3,7 cm, 3 MG
Max. Durchschlagskraft auf 1.000 m	25 mm	27 mm
Besatzung	3, in deutschen Diensten 4	3, in deutschen Diensten 4
Funk	ja	ja
Panzerung, frontal	25 mm	25 mm, später 50 mm
Gewicht	10,5 t	9,7 t
Motorleistung	120 PS	125 PS
Höchstgeschwindigkeit	34 km/h	42 km/h
Leistungsgewicht	11 PS/t	12,8 PS/t
Bodendruck	0,50 kg/cm^2	0,57 kg/cm^2
Reichweite	bis 190 km	bis 250 km
Gebaute Stückzahl	219	1.414, alle Varianten

Dieser Pzkpfwg 38 (t) (vormals TNH oder LT vz 38) zeigt bereits den deutschen Notek-Tarnscheinwerfer sowie den grauen Tarnanstrich. Hinter dem Wannen-MG ist der deutsche Antennenfuß erkennbar. (Anderson)

on begann jedoch erst nach der Annexion durch das Deutsche Reich, leicht modifiziert wurde auch dieser Panzer in die eigenen Arsenale übernommen. 1939 wurden 150 Exemplare gefertigt, die Produktion dieses leichten Kampfpanzers sollte im Juni 1942 enden. Das robuste Fahrgestell diente später als Grundlage für eine Reihe von Selbstfahrlafetten und einen erfolgreichen Jagdpanzer.

Japan

In Japan setzte die Industrialisierung deutlich später ein als in Europa. Im Rüstungssektor konzentrierte man sich um 1900 zunächst auf den Aufbau der Kriegsmarine und später auf die Luftwaffe. Diese Teilstreitkräfte sollten auch in den kommenden Jahrzehnten Priorität haben.

Ein Teil der PzKpfw 38 (t) wurde als Befehlspanzer ausgeliefert. Dieser PzBefWg 38 (t) trägt die zu diesem Zeitpunkt typische auffällige Rahmenantenne und eine 2 m Stabantenne. Normalerweise war eine Attrappen-Bewaffnung eingebaut, deren Blechrohr hier allerdings fehlt. (Anderson)

DIE ZWISCHENKRIEGSZEIT

Japan importierte nach dem Ersten Weltkrieg eine Anzahl britischer Medium Tank Mk A „Whippet", die jedoch bei ihrer Einführung bereits veraltet waren. (Takahashi)

Der Typ 87 Chi-I war eine der ersten japanischen Eigenentwicklungen. Der englische Vickers Mk C stand hier wohl Pate, besonders im Bereich des Fahrwerks. Wie viele Panzer dieser Zeit, trug der Chi-I mehrere Türme. (Takahashi)

Während des Ersten Weltkrieges beobachtete die Kaiserliche Armee den Kriegsverlauf und analysierte den ersten Einsatz von Panzern. Wie viele andere Nationen auch, kaufte Japan zum Ende des Kriegs ausländische Panzer und testete diese ausgiebig. Unter diesen Fahrzeugen waren der britische Medium Mk A „Whippet" sowie der französische FT-17. Später konnte ein Vickers Mk C erworben werden. Dieser Panzer sollte der Urvater der japanischen Panzerwaffe werden.

Auf Basis dieses Fahrzeugs entstand eine erste eigene Entwicklung. Die Arbeit der Ingenieure litt unter schlechten Voraussetzungen, es gab keine nennenswerte Automobilindustrie, auch waren die Rohstoffe streng rationiert. 1927 konnte der Prototyp fertiggestellt werden. Der Typ 87 Chi-I hatte einen Hauptturm (57 mm) und zwei Nebentürme (MG), durchaus typisch für diese Zeit. Die Laufrollen des 18 t schweren Fahrzeugs waren in Rollenwagen zusammengefasst, das Fahrwerk war durch eine Panzerplatte geschützt. Dieser erste Panzer war durchaus als Erfolg zu werten, er zeigte eine ausreichende Beweglichkeit.

Um 1930 stellte das japanische Heer Forderungen an die Panzerrüstung auf. Analog zu den Einsatzgrundsätzen der Panzer im Ersten Weltkrieg sollte ein leichter Kampfpanzer zur Infanterieunterstützung geschaffen werden.

Typ	Typ 89 Chi-Ro	Typ 95 Ha-Go	Typ 97 Chi-Ha
Bewaffnung	57 mm, 2 MG	37 mm, 2 MG	57 mm, 3 MG
Max. Durchschlagskraft auf 500 m	20 mm	k.A.	k.A.
Besatzung	4	3	4
Funk	nein	nein	ja
Panzerung, frontal	17 mm	16 mm	25 mm
Gewicht	9,9 t	7,4 t	15 t
Motorleistung	118 PS	120 PS	170 PS
Höchstgeschwindigkeit	16 km/h	45 km/h	38 km/h
Leistungsgewicht	12 PS/t	16,2 PS/t	11,3 PS/t
Bodendruck	k.A.	k.A.	k.A.
Reichweite	bis 150 km	bis 250 km	bis 210 km
Gebaute Stückzahl	> 400	2.300	1.162

Ein Typ 89 Chi-Ro während der Kämpfe um Schanghai. Dieser Panzer sollte in beträchtlichen Stückzahlen gebaut werden. (Takahashi)

Der Typ 95 Ha-Go zeigte ein vereinfachtes Fahrwerk und deutlich bessere Fahrleistungen. Die 37-mm-Kanone sollte für den Kampf gegen leichte Panzer ausreichend sein. Die Panzerung bot nur gegen leichte Infanteriewaffen und Splitter Schutz. (Takahashi)

Der Typ 87 erschien zu schwer und zu langsam für diese Aufgabe.

Basierend auf den Erfahrungen des ersten Prototypen entstand 1931 der erste Massenpanzer des japanischen Heeres, der Typ 89 Chi-Ro. Dieser war nur noch mit einem Drehturm ausgestattet, Motor und Antrieb lagen hinten. Zunächst von einem Benzinmotor angetrieben, sollte später ein Dieselmotor eingebaut werden, ein Novum in dieser Zeit. Auch alle weiteren Entwicklungen hatten Dieselmotoren.

1934 wurde eine kleine Tankette eingeführt. Der Typ 94 Te-Ke war als 2-Mann Panzer mit einem schweren MG in einem kleinen Drehturm ausgelegt. Ca. 800 Fahrzeuge wurden gebaut und bis in den Zweiten Weltkrieg hinein verwendet. Die Masse der Fahrzeuge war in China stationiert.

Der Typ 89 Chi-Ro sollte bald durch einen moderneren und schnelleren Panzer ersetzt werden, der den Erfordernissen des Bewegungskrieges entsprach. Zunächst entwickelte Mitsubishi 1935 den Typ 95 Ha-Go, der in großen Stückzahlen eingeführt werden sollte.

1937 folgte dann der wohl bekannteste japanische Panzer, der Typ 97 Chi-Ha. Dieser mittlere Panzer wurde anfänglich mit einer 57-mm-Kanone ausgerüstet, die keine befriedigende Leistungen zeigte. Das Fahrwerk war von hervorragender Qualität. Robust und sehr geländegängig, konnte der Chi-Ha auch dichten Urwald durchqueren, was später im Dschungelkrieg im Pazifik von unschätzbarem Vorteil war.

Die Panzer japanischer Fertigung waren sehr kompakt ausgelegt und boten nur Platz für eine kleine Besatzung. In allen Fällen musste der Kommandant neben seiner Führungsaufgabe auch noch die Aufgabe des Richtschützen übernehmen – ein großer Nachteil. Die Verhältnisse im Inneren der Panzer waren bescheiden, so musste die Turmbesatzung stehen. Funkgeräte waren bei den meisten Fahrzeugen nicht eingebaut.

Der Typ 97 Chi-Ha hatte ebenfalls ein modernes Fahrwerk. Die Panzerung war wie bei allen anderen japanischen Panzern genietet. Die Rahmenantenne zeigt, dass diese Panzer ein Funkgerät hatten. Die frühen Versionen trugen ein 57-mm-Geschütz. (Takahashi)

Während einer Vorkriegs-Übung bewegt sich ein Zug PzKpfw I Ausf. A über einen Feldweg. (Anderson)

Panzer im Einsatz

Mitte der 1930er-Jahre verschlechterte sich die Sicherheitslage in Europa zusehends. Die „handwerklichen" Fehler des Versailler Vertrages sollten sich besonders in Deutschland rächen. 1933 übernahm mit Adolf Hitler ein faschistischer Diktator die Macht, wie Mussolini in Italien bereits ein Jahrzehnt zuvor. Hitlers radikale Ideologie leitete eine aggressive, expansionistische Politik ein. In Europa standen alle Zeichen auf Sturm …

Auch Spanien war mit dem französischen FT-17 ausgestattet. Im Hintergrund ist eine spanische Eigenentwicklung, der Trubia Naval, erkennbar. Dieser wurde auf dem ungefederten Fahrgestell eines landwirtschaftlichen Kettenschleppers entwickelt und war zumeist mit zwei MG ausgestattet. Drei der vier gebauten Trubias wurden von den Nationalisten eingesetzt. (Anderson)

Japans Krieg in der Mandschurei

Nach dem russisch-japanischen Krieg von 1905 begann das siegreiche Kaiserreich seinen Einfluss auf das chinesische Festland auszuweiten. Das rohstoffreiche Gebiet der Mandschurei war wichtig für die japanischen Hegemonie-Bestrebungen im pazifischen Raum, japanische Truppe besetzten Teile des Landes. 1931 inszenierten Provokateure einen Dynamitanschlag auf einen Eisenbahntransport der japanischen Armee, der als Mukden-Zwischenfall in die Geschichte eingehen sollte. In der Folge starteten die Japaner eine großangelegte Invasion der Mandschurei.

Während der Schlacht um Schanghai wurden japanische Panzer erstmals in größeren Stückzahlen eingesetzt. Der Typ 89 Chi-Ro konnte sich dort aufgrund seiner stärken Bewaffnung gegen die wenigen vorhandenen chinesischen Tanketten durchsetzen.

1939 kam es in der Mandschurei zu einem erneuten Konflikt zwischen russischen und japanischen Streitkräften. Wieder wurden Typ 89 sowie die neueren Typ 95 eingesetzt. Die sowjetischen T-26 und BT zeigten sich den japani-

Der Trubia A4 war ein weiteres Modell, das ebenfalls mit zwei MG ausgestattet war. Die Panzerung war mit 16 mm (ungehärter Stahl) gering. Diese Fahrzeuge taugten nur zum Kampf gegen schlecht bewaffnete Truppen, sie wurden wie Radpanzer oft im urbanen Kampf eingesetzt. (Anderson)

Italien lieferte über 150 CV-33, leicht gepanzerte MG-Träger, an die Nationalisten. Verglichen mit dem T-26 hatten diese einen nur geringen Kampfwert, im Kampf gegen feindliche Infanterie waren die beweglichen Fahrzeuge jedoch nützlich. (Anderson)

schen Panzern aufgrund ihrer modernen Bewaffnung als klar überlegen. Auch der Typ 97 Chi-Ha war an den Kämpfen beteiligt. Fahrwerkstechnisch deutlich leistungsfähiger, war sein 57-mm-Infanteriegeschütz nicht zur Panzerbekämpfung geeignet.

Italiens Kampf um Kolonien in Ostafrika

Auch das Königreich Italien versuchte gegen Ende des 19. Jahrhunderts, ein Kolonialreich aufzubauen. Der italienisch-äthiopische Krieg von 1895/96 endete mit einer Niederlage Italiens. Benito Mussolini nahm diese Bestrebungen in den 1930er-Jahren wieder auf. Afrika war bereits vollständig zwischen den etablierten Kolonialmächten aufgeteilt, das letzte freie Land war Abessinien im Osten. Italien griff 1934 unter einem Vorwand Äthiopien an, mehr als 200.000 Soldaten wurden entsendet. Nach einem erbittert geführten Krieg, in dem von italienischer Seite auch Senfgas eingesetzt wurde, erklärte Mussolini den italienischen König zum Kaiser von Äthiopien und annektierte in der Folge Abessinien.

Im Verband der Legion Condor lieferte das Deutsche Reich eine Reihe von PzKpfw I, hier ist eine Ausf. A sichtbar. Deutsche Fachleute bildeten die spanischen Besatzungen aus. Dieser Panzer scheint beschädigt, nach deutscher Sitte wurde eine Fahne aufgesteckt. (Anderson)

Dieser kleine Panzerbefehlswagen trägt die spanischen Farben auf der Aufbaufront. Das deutsche Kontingent (Panzer, Geschütze, Flugzeuge) stellte eine große Hilfe für Francos Truppen dar. Für Deutschland war der Nutzen wohl ebenso groß, da neben der Technik auch die neuen taktischen Grundlagen unter realistischen Kampfbedingungen geprüft werden konnten. (Anderson)

Während der Kämpfe setzte Italien ca. 500 Tanketten vom Typ CV-33 ein. Zusammen mit der Luftwaffe und der Artillerie hatten die Italiener eine materielle und qualitative Überlegenheit. Vereinzelt wurden die italienischen Kleinpanzer von den Eingeborenen in Großwildjagdmanier in Fallgruben gelockt und die Besatzungen sodann mit Speeren getötet.

Der Spanische Bürgerkrieg

Zwischen 1936 und 1939 tobte in Spanien ein erbitterter Bürgerkrieg zwischen den demokratischen Republikanern und den von General Franco geführten nationalistischen Rebellen. Einige Jahre vor Ausbruch des Zweiten Weltkrieges entwickelte sich hier in gewisser Weise ein Stellvertreterkrieg zwischen total unterschiedlichen Weltanschauungen.

Beide Kombattanten setzten in den heftigen Kämpfen auch gepanzerte Fahrzeuge ein, so wurden im Land diverse Lkw-Fahrgestelle behelfsmäßig umgebaut. Die in den 1920er-Jahren angeschaffte eigene Panzerwaffe, bestehend aus ehemals französischen FT-17 und wenigen im Lande konstruierten Eigenentwicklungen, wurde bald durch die Lieferung moderner Panzer aus dem Ausland unterstützt.

Bereits früh fanden beide Seiten die Unterstützung durch fremde Staaten. Die Faschisten erhielten Waffenlieferungen und Ausbildung durch das Deutsche Reich und Italien. Deutschland entsandte PzKpfw I (Ausf. A und B) sowie einige Panzerbefehlswagen (neben Flugzeugen, Artillerie-, Flugabwehr- und Panzerabwehrgeschützen). Die Gesamtzahl ist bis heute nicht gesichert, die Zahlen schwanken von 90 bis 150 Panzern. Auch das faschistische

DER SPANISCHE BÜRGERKRIEG

Italien lieferte ca. 150 Kleinpanzer vom Typ CV-33 an General Francos Truppen.

Deutsches Personal sollte die spanischen Soldaten an Ort und Stelle ausbilden, ohne selbst in die Kämpfe einzugreifen. Diese Unterstützung war sicherlich nicht uneigennützig. Sie bot vielmehr Gelegenheit, die Qualität der eigenen Panzerrüstung im scharfen Schuss zu testen.

Die Sowjetunion lieferte der Volksfront in erster Linie Handwaffen und über 250 Panzer vom Typ T-26 und 50 vom Typ BT-5.

Der Einsatz der Panzer erfolgte zumeist zersplittert als gepanzerte Begleitgeschütze der Infanterie, Zusammenfassungen im Bataillonsrahmen sind nicht bekannt. Auch die deutschen 3,7-cm-Panzerabwehrkanonen bereiteten Probleme, ihre Optiken reichten nur bis 900 m.

Im Vergleich mit den russischen Panzern schnitten die deutschen PzKpfw I schlecht ab. Sowohl der T-26 als auch der BT-5 waren mit einer 45-mm-Kanone ausgerüstet, die Panzerstärke war vergleichbar. Französische Zeitungen berichteten von den Kämpfen. Die waffentechnische Unterlegenheit der deutschen PzKpfw I im Vergleich zu den russischen Panzern wurde mit einer gewissen Süffisanz festgestellt. Für die deutsche Seite war der Nutzen dieser Einsätze von unschätzbarem Wert. Erstmals konnten deutsche Panzer im Gefecht beobachtet und bewertet werden. Das deutsche Kontingent wurde von Oberstleutnant Ritter von Thoma geführt, und dieser schrieb einen Erfahrungsbericht. Die Überlegenheit der mit Kanonen ausgerüsteten russischen Panzer gegenüber den MG-Trägern wurde anerkannt. Während die MG der deutschen Panzer dank ihrer Hartkern-Munition die Panzerung der T-26 bis auf Entfernungen von 150 m durchschlagen konnten, war die Wirksamkeit der 45-mm-Panzerkanonen ungleich höher. Diese schossen äußerst genau und waren gegen Panzer auf über 1.000 m wirksam. Die mechanische Zuverlässigkeit der PzKpfw I wurde hingegen als gut bezeichnet.

Den mit zwei MG ausgerüsteten PzKpfw fehlte es an Feuerkraft, um die T-26 und BT-5 auf weite Entfernungen zu bekämpfen. Einige Fahrzeuge wurden an der Front mit einer 2-cm-Kanone ausgerüstet, ein recht aufwändiger Umbau. (Anderson)

80 PANZER IM EINSATZ

Die T-26 der Republikaner waren vollwertige Kampfpanzer. Wenn auch der Panzerschutz gering war, so erlaubte die 45-mm-Kanone die Bekämpfung von harten (= gepanzerten) und weichen (=lebenden) Zielen auf weite Entfernungen. Diese Panzer wurden von den Nationalisten erbeutet und weiter verwendet. (Anderson)

Drei stolze nationalistische Spanier vor ihrem (von den Republikanern erbeuteten) T-26. Die 45-mm-Hauptbewaffnung und das koaxial eingebaute MG sind gut erkennbar. (Von Aufseß)

Dieser T-26 wurde vernichtend getroffen und brannte in der Folge total aus. Das Geschütz wurde anscheinend ausgebaut, vielleicht wurde es anderenorts weiterverwendet. Der Wagen trägt eine große Rahmenantenne am Turm, war also mit Funk ausgerüstet. (Anderson)

Der BT-5 gehörte in den 1930er-Jahren sicher zu den beweglichsten Panzerfahrzeugen. Auch dieser Panzer wurde von den Nationalisten erbeutet. Der Turm entsprach dem des T-26. (Von Aufseß)

1939: DER ANGRIFF AUF POLEN

Der 7TP mit Geschützturm war ein gut ausgewogener Panzer mit hoher Beweglichkeit. Seine Panzerung war zwar wie bei den meisten vergleichbaren Fahrzeugen anderer Nationen recht gering, die Kanone zeigte jedoch gute Leistungen. (Anderson)

Ein PzKpfw II Ausf. B überquert eine Kriegsbrücke. Im Hintergrund ist noch die alte, von den Polen gesprengte Brücke sichtbar. Die frühen 6-Rollen-Laufwerke entsprachen durchaus dem Stand der Technik 1935. (Baschin)

1939: Der Angriff auf Polen

In den frühen Morgenstunden des 1. September 1939 überschritten deutsche Truppen die Grenze nach Polen, der Zweite Weltkrieg begann. Dieser Schritt war von Hitler langfristig geplant, es ging ihm nicht nur um die Frage des polnischen Korridors und das so vom Reich abgeschnittene Ostpreußen – Hitler suchte „Lebensraum" im Osten.

Neben Einheiten von Luftwaffe, Artillerie und Infanterie rückten sieben voll ausgerüstete deutsche Panzerdivisionen, vier leichte Divisionen und zwei selbstständige Panzerregimenter,

Die großzügige Ausstattung mit Panzerbefehlswagen stellte die bestmögliche Kommunikation zwischen den Kampfkompanien und der Abteilungs- oder Divisionsführung sicher, ein Eckpfeiler des Erfolgs der deutschen Panzertruppen. Dieser PzBefw III Ausf. D1 zeigt die während des Polen-Feldzuges üblichen weißen Balkenkreuze. PzBefw waren zumeist mit einer Attrappen-Bewaffnung versehen. (Anderson)

DEUTSCHE PANZERSTÄRKE IN POLEN, SEPTEMBER 1939

Typ	PzKpfw I	PzKpfw II	PzKpfw 35 (t)	PzKpfw 38 (t)	PzKpfw III	PzKpfw IV	PzBefWg
Anzahl	1.026	1.151	164	57	87	197	177

1939: DER ANGRIFF AUF POLEN

Die noch in großen Mengen eingesetzten PzKpfw I hatten nur geringen Kampfwert wie auch die bei den Polen eingesetzten Tanketten. Wieder fallen die weißen Balkenkreuze auf, die fast wie Zielkreuze wirken. Später wurden diese mit Schlamm unkenntlich gemacht oder übermalt. (Wilhelm)

in Polen ein. Die deutschen Panzerverbände waren mit ca. 3.000 Panzern ausgestattet.

Weitere 408 blieben in den Garnisonen im Ersatzheer. Der hohe Anteil an leichten Panzern (PzKpfw I und II) fällt auf. Noch war es nicht gelungen, alle Panzerregimenter mit je zwei mittleren Panzerkompanien (PzKpfw IV) auszustatten. Auch vom leichten PzKpfw III waren erst wenige Fahrzeuge verfügbar. Die ehemals tschechischen Typen 35 (t) und 38 (t) mit ihren 3,7-cm-Geschützen stellten eine willkommene Verstärkung der Feuerkraft dar.

Die Ausstattung der Polen war in der Masse älter, auch hier überwog der Anteil leichter

Panzer waren auch 1939 noch nicht alltäglich. Hier bestaunen Infanteristen einen PzKpfw II Ausf. C. Dieser Panzer konnte mit seiner 2-cm-Kanone feindliche Infanteriestellungen wirksam bekämpfen, die Geschosse durchdrangen jede Deckung. (Anderson)

PANZER IM EINSATZ

POLNISCHE PANZERSTÄRKE, SEPTEMBER 1939

Typ	FT-17	TK/TKS	Vickers Typ E	R35	7TP
Anzahl	50	102	38	50	149

Ein PzKpfw IV Ausf. B passiert einen schweren Panzerspähwagen (SdKfz 234). Die effektive Zusammenarbeit zwischen Panzern und Aufklärern wurde bereits in Friedenszeiten geübt und sicherte in vielen Fällen den Erfolg. (Erdmann)

Panzer, die lediglich mit MG bewaffnet waren. Insgesamt standen den Polen etwa 800 Panzer zur Verfügung, davon waren nur wenige mit leistungsfähigen Panzerkanonen ausgestattet (108 der Panzer vom Typ 7TP).

Der Vormarsch der überlegenen deutschen Truppen war unaufhaltsam. Die überlegene Technik, die zahlenmäßige Überlegenheit und ein gutes Zusammenspiel der einzelnen Waffengattungen machten die polnische Gegenwehr überall schnell zunichte. Es gab jedoch auch Beispiele für fehlende Koordination, die einen Angriff katastrophal scheitern ließen. So griff das PzRgt 7 Feldbefestigungen bei Mlawa

Die PzKpfw IV Ausf. B und C hatten kein MG in der Aufbaufront, vermutlich waren Materialengpässe der Grund für diese eigentlich unverständliche Tatsache. Auch hier fällt das weiße Balkenkreuz allzu deutlich auf. (Hoppe)

Panzer sammeln sich auf einem Marktplatz während des Polenfeldzuges. Links parkt eine schwere Zugmaschine, vermutlich vom Instandsetzungszug. Die PzKpfw II sind Fahrzeuge aus unterschiedlichen Fertigungen. Auf den Auspufftöpfen sind Nebelkerzen angebracht. (Baschin)

Die PzKpfw II mit ihrer schwachen Panzerung konnten leicht bekämpft werden. Hier ist die Wanne an zwei Stellen durchschlagen worden, der unregelmäßige linke Treffer vielleicht durch Granatsplitter. Weiter hinten wurde ein früherer Treffer durch eine Stahlplatte verschlossen. Der Panzer wurde scheinbar ausgeschlachtet, ein Hinweis auf Probleme bei der Ersatzteilversorgung? (Anderson)

Dieser 7TP wurde scheinbar durch einen direkten Treffer in den nur leicht gepanzerten Motorraum zerstört. (Anderson)

Der 7TP im Vergleich

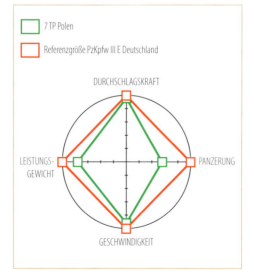

nördlich von Warschau an. Der Angriff blieb an Panzersperren hängen, die durch die Luftaufklärung nicht erkannt worden waren. Gut eingegrabene PaK und Artillerie konnten einige deutsche Panzer vernichten, weitere wurden beim Abdrehen getroffen. Am Ende des Gefechts hatte das Regiment von 164 Panzern 72 verloren, das Operationsziel konnte nicht erreicht werden.

Im Allgemeinen konnten die deutschen Panzer im Verbund mit anderen Waffen sicher aufgeklärte feindliche Panzerabwehr wirkungsvoll bekämpfen. Hier bewährte sich die kurzkalibrige 7,5-cm-Kanone der PzKpfw IV mit ihren Sprenggeschossen.

Nun erklärten sowohl England als auch Frankreich in Folge ihrer Beistandsabkommen dem Deutschen Reich den Krieg.

1939: DER ANGRIFF AUF POLEN

Die ex-tschechischen PzKpfw 38 (t) waren eine wertvolle Verstärkung der deutschen Truppen. Auch dieser Panzer zeigt noch die großen weißen Balkenkreuze. Die taktische Nummer wurde zu Beginn des Krieges auf kleinen Blechplatten aufgemalt. (Anderson)

Die leichten polnischen Tanketten waren keine Kampfpanzer, sie konnten allenfalls zur Aufklärung und gegen Infanterie eingesetzt werden. Im Hintergrund ist ein 7TP mit zwei MG-Türmen sichtbar, ebenfalls ein Panzer ohne großen Kampfwert. (Anderson)

Dieser PzKpfw I Ausf. B wurde durch eine furchtbare Explosion total zerrissen. Vermutlich wurde der Kraftstofftank getroffen. (Anderson)

Als Polen bereits geschlagen war, rückten sowjetische Truppen im Osten des Landes ein. Dieser T-26 M 1939 zeigt bereits leicht geneigte Panzerflächen, die Wanne entstand in geschweißter Bauweise. (Münch)

1939: DER ANGRIFF AUF POLEN 91

Einige polnische 7TP wurden unbeschädigt erbeutet. Beutepanzer wie diese wurden von deutschen Wehrmachts- und Polizeiverbänden zur Partisanenbekämpfung eingesetzt. (Anderson)

Zurück in der Garnison wurden die siegreichen Truppen mit einer Parade geehrt. Hier fahren Panzer der 1. Panzerdivision durch Eisenach. Der vordere Panzer ist ein PzKpfw IV Ausf. C. (Anderson)

Zwei PzKpfw I in schwierigem Gelände in Norwegen. Die leichten Fahrzeuge mussten keinen Panzergegner befürchten. (Hoppe)

April 1940: Unternehmen Weserübung

Im Mai 1940 griff das Deutsche Reich die nominell neutralen Staaten Dänemark und Norwegen an. Der Hintergrund dieser Operation war unter anderem die Sicherung von Rohstofflieferungen an Deutschland.

Dänemark konnte am 9. April ohne nennenswerte Kämpfe binnen eines Tages vollständig besetzt werden. Norwegen wurde durch eine Flotte verschiedener Kriegs- und Transportschiffe angegriffen. Die deutschen Truppen wurden von einem kleinen Panzerverband unterstützt. Obwohl die PzAbt zbV 40 nur mit wenigen, zumeist leichten Panzern ausgestattet

Die 2-cm-Waffe des PzKpfw II wurde in Norwegen eingesetzt. Mit ihrer Hilfe wurden z.B. MG-Nester zielsicher bekämpft. (Anderson)

APRIL 1940: UNTERNEHMEN WESERÜBUNG

DEUTSCHE PANZERSTÄRKE WESERÜBUNG

Typ	PzKpfw I	PzKpfw II	PzBefw	Neubaufahrzeug
Anzahl	29	18	4	3

Ein Neubaufahrzeug bei der Verladung, Schauerleute stabilisieren den Panzer mit Seilen. Die Überfahrt war nicht ungefährlich, englische Kriegsschiffe und Flieger waren eine ständige Gefahr. (Anderson)

war, war der tatsächliche und moralische Kampfwert immens.

Aufgrund des überraschenden Angriffs fehlte der Regierung Zeit für die Mobilisierung. Der kleinen deutschen Streitmacht standen keine gegnerischen Panzer gegenüber. Die wenigen deutschen Panzer wurden zur Unterstützung beim Kampf in dem teilweise sehr unübersichtlichen Terrain Norwegens und in den Städten eingesetzt.

Dieses Neubaufahrzeug ist von der Straße abgerutscht, eine gefährliche Situation. Die Fahrzeuge scheinen sich in Norwegen bewährt zu haben, die verschiedenen Waffen erlaubten die Bekämpfung unterschiedlicher Ziele. Zu einem weiteren Einsatz sollte es nicht mehr kommen, für den Panzerkampf waren die Fahrzeuge nicht geeignet. (Anderson)

Nach Abschluss des Unternehmens wurde in Oslo eine Parade abgehalten. Hier passiert einer der Panzerbefehlswagen den Stabswagen des Kommandeurs der Einheit, Oberstleutnant Ernst Volckheim. (Hoppe)

Teile der 7. Panzerdivision beim Aufmarsch. Hier sind in der Masse PzKpfw 38 (t) erkennbar, einige PzKpfw II sowie die PzKpfw IV der mittleren Panzerkompanien. Die Masse der PzKpfw IV verfügte nun über eine verstärkte Frontpanzerung von 30 mm. (Anderson)

1940: die Invasion Frankreichs

Über die Jahreswende 1939/40 war Westeuropa in einem merkwürdigen Zustand, dem „Drôle de Guerre", oder Sitzkrieg. Nach der Invasion Polens hatten sowohl England als auch Frankreich dem Deutschen Reich den Krieg erklärt. Diesen Worten folgten jedoch keine Taten, eine militärische Antwort blieb zunächst aus. Die Franzosen fühlten sich hinter der Maginot-Linie sicher. Großbritannien entsandte die British Expeditionary Force auf den Kontinent, dieses Truppenkontingent sollte Frankreich und Belgien unterstützen.

Deutschland hatte in der Zwischenzeit die Zahl der Panzerdivisionen auf zehn erhöht. Die drei schnellen Divisionen wurden in herkömmliche Panzerdivisionen umgewandelt. So stieg die Zahl der für den Waffengang gegen Frankreich verfügbaren Panzer auf ca. 2.500.

DEUTSCHE PANZERSTÄRKE IN FRANKREICH, MAI 1940

Typ	PzKpfw I	PzKpfw II	PzKpfw 35 (t)	PzKpfw 38 (t)	PzKpfw III	PzKpfw IV	PzBefWg	PzJg I	StuG Ausf. A
Anzahl	554	920	118	207	349	280	154	99	30

1940: DIE INVASION FRANKREICHS

Die Frontpanzerung von Wanne, Aufbau und Turm der PzKpfw II wurde von 14,5 auf 34,5 mm verstärkt. Dieser Panzer gehörte der 2. Panzerdivision an. Die Fahrzeuge bewährten sich bei der Bekämpfung von eingegrabener Infanterie, die 2-cm-Geschütze durchschlugen jede Deckung. (Anderson)

Auch war der Anteil der mit leistungsstarken Kanonen bestückten Panzer beträchtlich größer als während des Polen-Feldzuges.

Am 10. Mai überschritten deutsche Truppen die Grenzen im Westen. Die unüberwindliche Maginot-Linie wurde im Bereich des Ardenner Waldes durchbrochen. In einer sichelförmigen Bewegung stießen die Panzertruppen in Richtung Atlantik vor. Bei Dünkirchen konnte die British Expeditionary Force eingekesselt werden. In den nächsten Wochen wurde das Schicksal Frankreichs besiegelt, die deutschen Streitkräfte siegten auf ganzer Linie.

Der Kampfwert einer Reihe von deutschen Panzern konnte im Laufe von Produktionsveränderungen oder Nachrüstungen verbessert werden. Diese Verbesserungen betrafen vor allem die Panzerungen der PzKpfw II (Aufbringen von Zusatz-Panzerplatten an Wannen- und Turmfront). Die bereits geplante Umbewaffnung des PzKpfw III auf eine 5-cm-Kanone sollte jedoch nicht vor Ende des Frankreich-Feldzuges erfolgen.

Den Verantwortlichen im deutschen Generalstab war bewusst, dass nur wenige geeignete Waffen zur Bekämpfung der zu erwartenden schweren französischen Kampfpanzer zur Verfügung standen. Aus diesem Grund wurde unter Nutzung der tschechischen 4,7-cm-PaK eine Selbstfahrlafette auf Basis des PzKpfw I

Typ	PzJg I	StuG Ausf. A
Bewaffnung	4,7 cm	7,5 cm
Max. Durchschlagkraft auf 500 m	60 mm	35 mm
Besatzung	3	4
Funk	ja	ja
Panzerung, frontal	14,5 mm	50 mm
Gewicht	6,4 t	20,7 t
Motorleistung	100 PS	265 PS
Höchstgeschwindigkeit	40 km/h	40 km/h
Leistungsgewicht	15,6 PS/t	12,8 PS/t
Bodendruck	0,48 kg/cm^2	0,95 kg/cm^2
Reichweite	bis 170 km	bis 160 km
Stückzahl, im Mai 1940 verfügbar	99	24

Unaufgeklärte Minenfelder stellten eine große Gefahr dar. Diesem PzKpfw II wurden Teile des Laufwerks weggerissen. Unbeweglich war der Panzer nun ein leichtes Ziel. Dieser scheint ansonsten unbeschädigt zu sein und wartet auf seine Instandsetzung. (Anderson)

geschaffen. Diese nur schwach gepanzerten Fahrzeuge standen auf Heerestruppenebene zur Verfügung und sollten sich bewähren. In der Tat war zu diesem Zeitpunkt kein deutscher Panzer mit einer besseren panzerbrechenden Waffe ausgerüstet.

Auf dem Fahrgestell des PzKpfw III wurde ein Sturmgeschütz entwickelt und noch vor Beginn des Frankreich-Feldzuges in kleinen Mengen eingeführt. Dieses sehr kompakte Fahrzeug trug eine 7,5-cm-Kanone (baugleich mit der des PzKpfw IV). Der Truppenversuch in Frankreich sollte sehr erfolgreich sein, die leistungsfähigen Sprenggranaten konnten auch schwere Panzer erfolgreich bekämpfen.

Die westlichen Alliierten verfügten über deutlich mehr Panzer. Die Gesamtzahl betrug wohl etwa 3.400 Stück. Die Masse der französischen Panzer waren gut gepanzerte, aber langsame Infanteriepanzer. Die immerhin 400 schweren B1-Panzer und 400 mittleren S-35-Panzer stellten eine nicht zu unterschätzende Streitmacht dar. Diese Panzer waren schwer gepanzert und mit leistungsfähigen 47-mm-Ge-

Typ	Cruiser Tank Mk IVA	Infantry Tank Mk II Matilda II	Infantry Tank Mk II Matilda II CS
Bewaffnung	40 mm, 1 MG	40 mm, 1 MG	94 mm, 1 MG
Max. Durchschlagskraft auf 500 m	51 mm	51 mm	Feuerunterstützung
Besatzung	4	4	4
Funk	ja	ja	ja
Panzerung, frontal	25 mm	78 mm	78 mm
Gewicht	15 t	26 t	26 t
Motorleistung	240 PS	2 x 94 PS	2 x 94 PS
Höchstgeschwindigkeit	48 km/h	24 km/h	24 km/h
Leistungsgewicht	16 PS/t	7,2 PS/t	7,2 PS/t
Bodendruck	0,94 kg/cm²	1,12 kg/cm²	1,12 kg/cm²
Reichweite	bis 160 km	bis 112 km	bis 112 km
Stückzahl, im Mai 1940 verfügbar	655	24	

1940: DIE INVASION FRANKREICHS   99

Als Hauptträger des Panzerkampfes waren die PzKpfw III verhältnismäßig gut gepanzert. Trotzdem versuchte die Besatzung dieses bereits recht mitgenommenen Panzers der 1. Panzerdivision den 30-mm-Panzerschutz durch Kettenglieder zu erhöhen. Die beiden Turm-MG sind deutlich sichtbar. (Anderson)

schützen den deutschen Panzern mehr als ebenbürtig. Etwa 470 Panzer vom Typ FT-17 waren völlig veraltet.

Das englische Expeditionskorps hatte zu Beginn der Kämpfe 304 Panzer, bis zum 17. Mai wurden weitere 284 nachgeführt. Die Masse der Panzer waren leichte Vickers Mk VIb. Weitere 73 Infantry Tanks Matilda I hatten, obwohl schwer gepanzert, keinen großen Kampfwert. Für den Kampf gegen Panzer geeignet waren 150 Cruiser Tanks, die in verschiedenen Varianten vorhanden waren, sowie 23 Matilda II. Schwer gepanzert und mit dem britischen 40-mm-Standard-Geschütz ausgestattet, war der Matilda II für die deutschen Panzer schwer zu bekämpfen. Wie im Falle des B1 wurden in verschiedenen Gefechtslagen deutsche 8,8-cm-FlaK zur Bekämpfung herangezogen.

Ein PzKpfw IV des PzRgt 7 der neu aufgestellten 10. Panzerdivision in verdeckter Stellung. Mit Einführung der Ausf. D wurde der Panzerschutz auf 30 mm erhöht. Dank der Sprengwirkung der 7,5-cm-KwK war der Kampf auch gegen schwere Feindpanzer möglich. (Anderson)

Zwei PzKpfw IV der 7. Panzerdivision demonstrieren den Männern der Propagandakompanie ihre Stärke. Bilder wie diese hatten in der Heimat ihre Wirkung. (Anderson)

Bei den Panzergefechten sollte sich die deutsche Kampftaktik durchsetzen. Die deutschen Panzer traten massiert an Schwerpunkten an, um im konzentrierten Angriff die feindlichen Linien zu durchbrechen. Da alle deutschen Panzer mit Funk ausgestattet waren, konnten diese auch bei geänderter Gefechtslage optimal geführt werden. Die französischen Panzer waren zumeist über die gesamte Front verteilt, und verfügten über keine Funkgeräte.

Die französische 25-mm-PaK war treffsicher und konnte die 30-mm-Panzerung des PzKpfw IV Ausf. D auf 100 m sicher durchschlagen. Vier klare Durchschüsse und ein gutes Trefferbild zeugen von der Leistungsfähigkeit der Waffe. (Anderson)

1940: DIE INVASION FRANKREICHS   101

Die 7. und 8. Panzerdivision waren mit PzKpfw 38 (t) ausgerüstet. Aufgrund ihrer hohen Beweglichkeit erreichten diese Einheiten überraschend hohe Marschleistungen. Die Besatzung genießt die Sommerhitze außerhalb ihres Panzers, während der Fahrer innen schwitzt. (Anderson)

Rommel war immer an der Spitze seiner Einheiten. Er peitschte seine Panzer derart schnell durch Frankreich, dass die eigene Infanterie kaum folgen konnte. Das brachte ihm regelmäßig Verwarnungen. Die Alliierten nannten die 7. Panzerdivision respektvoll „Gespensterdivision". (Bundesarchiv 146-1998-043-20A)

Auch dieser PzKpfw 35 (t) wurde durch einen Laufwerksschaden (Minen oder Beschuss) gestoppt. Das Fahrzeug wurde nicht vernichtet und konnte zweifellos wieder repariert werden. (Baschin)

1940: DIE INVASION FRANKREICHS 103

Der Panzerjäger I stellte eine wertvolle Bereicherung der deutschen Truppen dar. Die ex-tschechische 4,7-cm-PaK war sehr wirkungsvoll. Die Geschützbedienung war in dem nach hinten und oben offenen Aufbau nur unzureichend geschützt. (Anderson)

Der Ärmelkanal ist erreicht. Ein PzBefw III der 7. Panzerdivision rumpelt eine Mauer runter, um publikumswirksam auf den Strand zu fahren. Die Panzerbefehlswagen stellten die Verbindung zwischen der Kampftruppe und höheren Dienststellen sicher, ein weiterer Garant des deutschen Erfolges. (Anderson)

1940: DIE INVASION FRANKREICHS 105

Das Sturmgeschütz basierte auf dem Fahrgestell des PzKpfw III. Seine 50 mm starke Frontpanzerung widerstand den englischen Panzerkanonen auf Entfernungen über 100 m. Diese Männer der Sturmbatterie 665 tragen die frühen Panzerbarrets mit Schutzeinlage. (Münch)

Das Fanal der Niederlage. Die französische Armee hatte 1940 noch Hunderte der technisch total überholten Renault FT-17 in ihren Beständen und die Kampftaktik des Ersten Weltkrieges in den Köpfen der militärischen Führer. (Anderson)

Der Hotchkiss H-39 war gut gepanzert und trug eine moderne 37-mm-Kanone. Die theoretische Kampfkraft wurde durch die Tatsache begrenzt, dass der Kommandant des 2-Mann-Fahrzeugs die Kanone bedienen musste. In deutschen Kampfwagen waren fünf Mann die Regel, darunter ein Richt- und ein Ladeschütze. (Anderson)

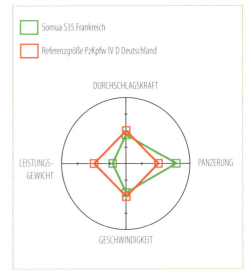

Der Somua S-35 im Vergleich

- Somua S35 Frankreich
- Referenzgröße PzKpfw IV D Deutschland

DURCHSCHLAGSKRAFT · PANZERUNG · GESCHWINDIGKEIT · LEISTUNGSGEWICHT

Der Somua S-35 war sicher der beste französische Kampfpanzer. Bewaffnung und Panzerung waren überdurchschnittlich, die Beweglichkeit hoch. Auch dieser Panzer war mit einem 1-Mann-Turm ausgestattet. Immerhin konnte der Funker den Kommandanten beim Laden der 47-mm-Kanone unterstützen. (Anderson)

Die Wehrmacht erbeutete Hunderte französische Panzer wie diese S-35 unbeschädigt. Sie sollten als Beutepanzer wertvolle Dienste leisten. (Münch)

Obwohl ab 1935 gebaut, entsprach der B1 in vielerlei Hinsicht noch dem Denken des Ersten Weltkrieges. In der Wanne war eine 75-mm-Kanone zur Bekämpfung ungepanzerter Ziele eingebaut. Die meisten B-1 waren mit dem Turm des S-35 ausgestattet, die 47-mm-Kanone erlaubte auch den Kampf gegen gepanzerte Ziele. (Anderson)

Der britische Cruiser Mk I hatte auf dem Papier eine beträchtliche Kampfkraft. Dieser CS (close support) war mit einer 76,2-mm-Haubitze ausgestattet. Ein achsparalleles MG war im Turm eingebaut, zwei weitere in zwei kleinen Drehtürmen. Der Panzerschutz war mit 14 mm sehr gering. (Anderson)

Der A 13 Cruiser Mk III läutete eine neue Phase im britischen Panzerbau ein. Als erster Panzer war dieser mit einem leistungsfähigen Christie-Laufwerk ausgestattet, das ihm eine hohe Beweglichkeit gab. Im modernen 3-Mann-Turm war eine 40-mm-Kanone zur Bekämpfung gepanzerter Ziele eingebaut. Die Panzerung entsprach mit 14 mm der des Mk I. (Doyle)

1940: DIE INVASION FRANKREICHS

Der Infantry Tank Mk II Matilda II war wohl der kampfstärkste Panzer während der Invasion Frankreichs. Die Panzerung von knapp 80 mm war enorm, die Bewaffnung bestand aus der Standard 40-mm-Kanone oder einer 76,2-mm-Haubitze. Zu seiner Bekämpfung musste oft die 8,8-cm-FlaK herangezogen werden. (Anderson)

Der Matilda II im Vergleich

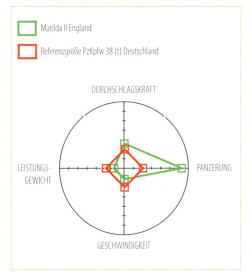

- Matilda II England
- Referenzgröße PzKpfw 38 (t) Deutschland

DURCHSCHLAGSKRAFT
LEISTUNGS-GEWICHT
PANZERUNG
GESCHWINDIGKEIT

1939 wurde beschlossen, die Panzerung der Cruiser-Panzer auf 30 mm zu erhöhen. Erstes Resultat war der Cruiser Mk IV. Während die Wanne aus stärkeren Platten neu aufgebaut wurde, konnte der Turm des Mk III durch eine Schottpanzerung verstärkt werden. (Baschin)

Der Turm des Matilda II war klein, aber wie die Wanne sehr gut gepanzert. Bei den meisten Fahrzeugen waren hier eine 40-mm-Kanone und ein MG eingebaut. Neben der Fahrersehklappe ist ein Treffer erkennbar, der die Panzerung nicht durchdringen konnte. (Anderson)

Zurück in Neuruppin wurden die Soldaten des PzRgt 6 mit einer Parade geehrt. Die deutschen Panzer, und in einem weit größeren Maße die Einsatzgrundsätze, hatten sich im Wesentlichen bewährt. (Anderson)

Der PzKpfw I wurde nur noch in geringen Stückzahlen eingesetzt. Während des Unternehmens Marita hatte nur die 5. Panzerdivision neun dieser leichten Panzer in ihrer Panzerpionier-Kompanie. Das vordere Fahrzeug trägt einen Ausleger mit einer abwerfbaren Sprengladung zur Bekämpfung befestigter Stellungen. Das System bewährte sich nicht, Sturmgeschütze waren die bessere Wahl. (NARA)

Unternehmen Marita: Der Balkanfeldzug

Die politische Entwicklung auf dem Balkan im Frühjahr 1941 gefährdete Hitlers weitreichende Pläne im Osten. Die neue Lage bedrohte aus seiner Sicht die kriegswichtigen Ölfelder in Rumänien. Hitler entschloss sich, Jugoslawien und Griechenland anzugreifen. Am 6. April marschierten deutsche Verbände, darunter sechs Panzerdivisionen, in Jugoslawien ein. Elf Tage später musste Belgrad kapitulieren. Zeitgleich wurde auch Griechenland besetzt. Die hier stationierten britischen Truppen konnten,

Die meisten PzKpfw II wurden inzwischen kampfwertgesteigert. Neben der Verstärkung der Frontpanzerung an Wanne und Turm wurde auch eine flache Beobachtungskuppel für den Kommandanten eingeführt. Auch diese Fahrzeuge gehörten zur 5. Panzerdivision. (NARA)

Dieser PzKpfw III Ausf. G wurde auf die neue 5-cm-Kanone umgerüstet, zeigt aber noch keine 30-mm-Zusatzpanzerung an der Wannenfront. Materialengpässe und Zeitprobleme verhinderten oft die zügige Umsetzung dieser wichtigen Maßnahmen. (Anderson)

DEUTSCHE PANZERSTÄRKE BALKAN, STAND APRIL 1941

Typ	PzKpfw I	PzKpfw II	PzKpfw 38 (t)	PzKpfw III 3,7 cm	PzKpfw III 5 cm	PzKpfw IV	PzBefw	StuG
Anzahl	18	260	125	109	131	122	43	54

UNTERNEHMEN MARITA: DER BALKANFELDZUG

unter anderem aufgrund von Nachschubproblemen, ihre Stellungen nicht halten und wurden ab dem 21. August nach Kreta und Ägypten evakuiert.

Deutschland hatte in der Zwischenzeit zehn weitere Panzerdivisionen aufgestellt. Mit Einführung des PzKpfw III Ausf. G wurde eine 5-cm-Kanone eingeführt, die vorhandenen Fahrzeuge der Ausf. E, F und G wurden, im Herbst 1940 beginnend, entsprechend nachgerüstet. Zeitgleich erfolgte auch eine Verstärkung der Frontpanzerung durch aufgeschraubte 30-mm-Panzerplatten. Mit nunmehr 60 mm war der Panzer gut geschützt. Die Gesamtstärke der sechs Panzerdivisionen zeigt die Tabelle unten links.

Die Zahl der englischen Panzer lässt sich nicht sicher feststellen. Auch beim britischen Heer wurden die 1939 begonnenen Umrüstungsprogramme fortgeführt.

Typ	PzKpfw III Ausf. G
Bewaffnung	5 cm
Max. Durchschlagskraft auf 1.000 m	37 mm
Besatzung	5
Funk	ja
Panzerung, frontal	30 + 30 mm
Gewicht	19,5 t
Motorleistung	265 PS
Höchstgeschwindigkeit	40 km/h
Leistungsgewicht	12,8 PS/t
Bodendruck	0,95 kg/cm²
Reichweite	bis 160 km
Gebaute Stückzahl	k.A.

Dieses Sturmgeschütz der Abteilung 191 wurde nach einem Minentreffer total zerstört. Nach der Explosion des Kraftstoffvorrats wurde die Motorabdeckung weggeschleudert. Derartig beschädigte Fahrzeuge waren Totalausfälle. (Anderson)

Dieser PzKpfw IV Ausf. D wurde ebenfalls noch nicht mit einer Zusatzpanzerung versehen. Die Besatzung wusste sich zu helfen und bepackte die gesamte Front mit Kettengliedern. Auf dem Turm wurden große Mengen von 20-l-Benzinkanistern mitgeführt, bei den großen Marschleistungen im Balkan unerlässlich. (Anderson)

Ein Großteil des britischen Panzerkontingents bestand aus Light Tank Mk VI. Diese leicht gepanzerten und bewaffneten Fahrzeuge waren den Herausforderungen des modernen Krieges nicht mehr gewachsen. (Anderson)

Drei StuG-Abteilungen (184, 190 und 191) nahmen am Balkan-Feldzug teil. Die gut gepanzerten Fahrzeuge waren eine wertvolle Unterstützung bei der Bekämpfung der Bunker der Metaxas-Linie. (Anderson)

Der Cruiser Tank Mk VI hatte noch einen recht guten Kampfwert, seine 40-mm-Kanone konnte auf 500 m auch die zusatzgepanzerten deutschen Panzer bekämpfen. Die deutsche 5 cm konnte den Mk IV hingegen auf 1.000 m vernichtend treffen. (Anderson)

116 PANZER IM EINSATZ

Der Cruiser Tank Mk II war 1941 überholt. Die Panzerung war mit 30 mm recht schwach, seine Geschwindigkeit von 25 km/h zu gering. Das Fahrgestell sollte bald beim Infantry Tank Mk III Valentine Verwendung finden. (Anderson)

Dieser Cruiser Tank Mk I CS wurde in einer griechischen Ortschaft von seiner Besatzung verlassen, vielleicht aufgrund von Kraftstoffmangel. Die großkalibrige 76,2-mm-Haubitze ist gut erkennbar. Außerdem trägt dieser Panzer einen zusätzlichen Kraftstoffbehälter. (Anderson)

Der Cruiser Mk IVA im Vergleich

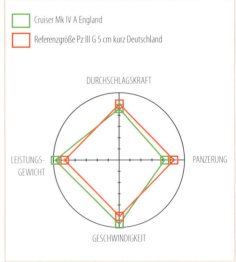

Teile des PzRgt 8 warten in einem italienischen Hafen auf ihre Verschiffung. Die Gummibandagen der Laufrollen der PzKpfw IV Ausf. D wurden weiß angestrichen, ein Schutz gegen die große Hitze in Nordafrika. (Münch)

Unternehmen Sonnenblume: Afrika 1941

Mit dem Einmarsch der Italiener in Ägypten am 13. September 1940 begann der Wüstenkrieg in Nordafrika. Die Briten wurden überrascht und waren kräftemäßig in keinster Weise vorbereitet, Sollum sollte schnell in italienische Hand fallen. Als jedoch britische Verstärkungen eintrafen, wendete sich das Blatt schnell – die Operation Compass trieb die italienischen Truppen gnadenlos vor sich her, binnen 10 Wochen wurde El Agheila erreicht. Die italienischen Panzer waren den Briten technisch wie taktisch weit unterlegen. In dieser Lage entschloss sich Hitler, die glücklosen Italiener durch die Entsendung eines deutschen Kontingents zu unterstützen, obwohl dadurch die eigenen Pläne, der Angriff auf die Sowjetunion, bedroht wurden. Am 12. Februar traf Rommel in Tripolis ein. Der Verlauf des nun beginnenden Wüstenkrieges wurde durch viele Faktoren entscheidend geprägt. Die Wüstenregion der Kyrenaika erwies sich als ideal für die deutsche Vision des Panzerkrieges und Rommel als dessen vielleicht genialster Protagonist. Große Erfolge und Geländegewinne gingen einher mit dramatischen Nachschubproblemen, die die Deutschen wiederum in die Defensive zwangen. Das Schlachtenglück wogte bis in das Jahr 1942 hin und her.

Deutsche Panzer in der Wüste

Zunächst wurden die 5. leichte Division und wenig später die 15. Panzerdivision entsandt. Die meisten Panzer waren, zu einem Teil aufgrund der Erfahrungen während des Frankreich-Feldzuges, kampfwertgesteigert. Die

118 PANZER IM EINSATZ

Ein PzKpfw III Ausf. G wird in Tripolis ausgeladen. Der Panzer ist bereits mit der 5-cm-Kanone ausgestattet, die Frontpanzerung wurde nicht verstärkt. Auf dem Turmdach sind Kraftstoffkanister verstaut. (Anderson)

Bei diesem PzKpfw III Ausf. G wurde die 30-mm-Zusatzpanzerung an der Wannenfront bereits nachgerüstet. Das Geschütz wurde mit einem Staubschutzüberzug versehen, eine wichtige Maßnahme zur Materialerhaltung. Die Besatzung reinigt die 5-cm-Kanone. (Münch)

Typ	PzKpfw III Ausf. G
Bewaffnung	5 cm, 2 MG
Max. Durchschlagkraft auf 1.000 m	37 mm
Besatzung	5
Funk	ja
Panzerung, frontal	30 + 30 mm
Gewicht	19,5 t
Motorleistung	265 PS
Höchstgeschwindigkeit	40 km/h
Leistungsgewicht	12,8 PS/t
Bodendruck	0,95 kg/cm²
Reichweite	bis 160 km
Gebaute Stückzahl	600 (Ausf. G insgesamt)

Frontpanzerung der Pz II konnte auf ca. 30 mm, die der Pzkw III bis 60 mm gesteigert werden. Letztere waren mit der leistungsstärkeren 5-cm-Kanone ausgerüstet. Die Gesamtstärke der Divisionen summierte sich auf 314 Panzer (s. Tabelle unten).

Italienische Panzer in Nordafrika

Auf italienischer Seite waren Anfang 1941 hauptsächlich leichte Tanketten von Typ CV-35 (auch L3/35 genannt) sowie die Kleinpanzer L6/40 vorhanden. Als einzige modernere Kampfpanzer standen anfangs knapp 100 M11/39 zur Verfügung, die in Anlehnung an den englischen Vickers 6 ton Mk E entwickelt wurden. Im direkten Vergleich mit den englischen Cruiser-Panzern schnitten diese schlecht ab, besonders in waffentechnischer Hinsicht. Das Nachfolgemodell M13/40 sollte die Hauptbewaffnung, eine 47-mm-Kanone, in einem Drehturm tragen. Die Panzer hatten – für das Jahr 1941 unverständlich – keine

DEUTSCHE PANZERSTÄRKE NORDAFRIKA, FEBRUAR 1941

Typ	PzKpfw I	Pzkpfw II	Pzkpfw III 5 cm	PzKpfw IV	PzBefw
Anzahl	25	90	142	40	17

Das PzRgt 5 erreichte Tripolis Anfang März 1941. Dieser PzKpfw IV Ausf. E zeigt noch die Markierung der 3. Panzerdivision, der das Regiment ursprünglich angehörte. Kurz nach der Entladung wurde eine Parade abgehalten, danach ging es Richtung Osten an die Front. (Hoppe)

Funkgeräte. Der Ausbildungstand der Besatzungen war bei Einführung der Panzer sehr schlecht, dementsprechend verliefen die ersten Einsätze. Obwohl die Panzerung leicht verstärkt werden konnte, blieb die genietete Konstruktion gegen Beschuss sehr empfindlich.

Die Engländer in der Defensive

Die Engländer waren so kurzfristig nicht in der Lage, den Kampfwert ihrer Panzer entscheidend zu verbessern. Die Cruiser Tanks waren bis auf einige CS-Tanks mit der 40-mm-Kanone ausgerüstet, die gute Durchschlagswerte hatte. Diese Kanonen konnten jedoch nur Pan-

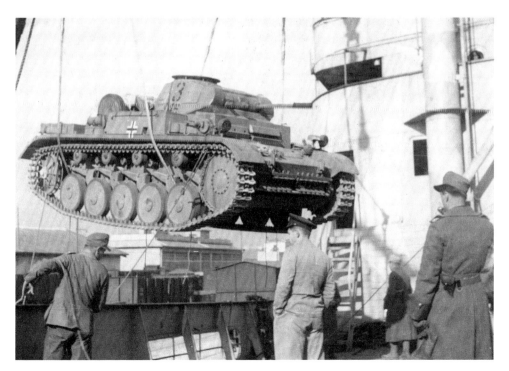

Der PzKpfw II Ausf. F war die letzte Variante des Kampfpanzers. Neben zahlreichen technischen Änderungen wurde die Panzerung organisch auf 30–35 mm erhöht. Der Panzer sollte als Aufklärungs- und Verbindungsfahrzeug eingesetzt werden, den Kampf mit Feindpanzern konnte der leichte Panzer nicht mehr aufnehmen. (Baschin)

Auf Basis des italienischen L6/40 wurde eine brauchbare Selbstfahrlafette (Semovente 47/32) entwickelt, deren 47 mm eine gute Wirkung gegen Panzer hatte. (Guglielmie)

Ein italienischer M13/40 in der Wüste. Der Einbau der 47-mm-Waffe in den Turm war ein großer Fortschritt. Das Fahrwerk und die genietete Konstruktion entsprachen 1941/42 nicht mehr dem Stand der Technik. (Anderson)

Die Semovente 75/18 trug eine 75-mm-Kanone und diente als Unterstützungsfahrzeug der italienischen Panzerdivisionen in Afrika. Aufgrund des großen Kalibers konnten auch die modernen alliierten Panzer M3 und M4 mit Erfolg bekämpft werden. Diese Aufnahme entstand 1943 in Italien. (Hoppe)

zergranaten verschießen, ihr Kampfwert gegenüber weichen Zielen wie MG- und Geschützstellungen war daher gering. Auch der Infantry Tank Mk II Matilda II, der sich aufgrund seiner hohen Panzerung fast unempfindlich gegen Beschuss aus den damaligen deutschen Panzerkanonen erwies, hatte dieses Geschütz. Die Deutschen sahen sich gezwungen, zur Bekämpfung dieses Panzers die 8,8-cm-FlaK oder Geschütze der Feldartillerie nach vorne zu ziehen. Nur so konnte der Matilda II außerhalb seiner Waffenwirkung vernichtet werden.

Typ	Carro Armato M13/40
Bewaffnung	5 cm, 3 MG
Max. Durchschlagskraft auf 500 m	43 mm
Besatzung	4
Funk	nein
Panzerung, frontal	bis 40 mm
Gewicht	13,5 t
Motorleistung	125 PS
Höchstgeschwindigkeit	32 km/h
Leistungsgewicht	9,25 PS/t
Reichweite	bis 200 km
Gebaute Stückzahl, alle Varianten incl. M14/41	3.000

Die Light Tank Mk VI waren 1941 hoffnungslos überholt. Weder Panzerung noch Bewaffnung konnten mit den leichten Panzern anderer Länder mithalten. (Anderson)

Dieser Cruiser Tank Mk IV A wurde scheinbar unbeschädigt erbeutet. Die Panzerung am Turm war in Schott-Bauweise ausgelegt, die schräge Zusatzpanzerung wurde mit Abstand an der Grundpanzerung des Turmes angebracht. Das war ein probates Mittel gegen Beschuss aus kleinkalibrigen Panzerabwehrwaffen, die deutsche 5 cm durchschlug den Turm auf weite Entfernungen. (Anderson)

Der Infantry Tank Mk II Matilda II war 1941 der ungekrönte König der Wüste. Seine Panzerung konnte auf Gefechtsentfernungen über 200 m weder von deutscher PaK noch von deutschen Panzerkanonen durchschlagen werden. Die 4-cm-Kanone schränkte seinen Gefechtswert jedoch ein. (Anderson)

Die russischen Verluste waren in den ersten Monaten exorbitant hoch. Links ist ein T-40 erkennbar, ein leichter amphibischer Panzer, der zu Aufklärungszwecken genutzt wurde. Dieser Panzer wurde während des Gefechts durch einen BT-5 gerammt. Im Chaos der ersten Monate waren die russischen Einheiten zumeist zu keiner koordinierten Verteidigung fähig. (Anderson)

Barbarossa: Der Angriff auf die Sowjetunion 1941/42

Am 22. Juni 1941 griff das Deutsche Reich die Sowjetunion an. Der Krieg erreichte damit ein neues Stadium. Unter den deutschen Verbänden waren 17 Panzerdivisionen mit mehr als 3.000 Panzern. Der Anteil leichter Panzer war noch immer hoch, und längst nicht alle der wichtigen PzKpfw III waren auf die leistungsfähigere 5-cm-Kanone umbewaffnet. Auch sollte sich schnell herausstellen, dass der Kampfwert der ex-tschechischen Panzer 35 (t) und 38 (t) nicht mehr ausreichend war. Nur der PzKpfw IV und die Sturmgeschütze hatten mit der 7,5-cm-Kanone ein Geschütz, das, entgegen dem zugedachten Einsatzzweck, gut für die Bekämpfung der moderneren russischen Panzer geeignet war.

Die russische Seite verfügte über ungleich mehr Panzer. Seit Beginn der 1930er-Jahre war das Land einer rücksichtslosen Industrialisierung unterworfen worden. Parallel dazu wurde sehr viel in den Aufbau der roten Armee investiert, die russische Panzerwaffe wurde zur größten der Welt aufgerüstet. Verlässliche Zahlen sind nicht verfügbar. Die hier angegebenen Stückzahlen sind einem russischen Standardwerk entnommen und stellen mit ziemlicher Sicherheit den Stand zu Beginn des Angriffs dar (s. Tabelle S. 124).

Die deutschen Truppen sollten jedoch nicht nur in Hinsicht auf die Größe dieser Streitmacht überrascht werden. Absolut unbemerkt von der deutschen Aufklärung (Dienststelle Fremde Heere Ost) hatte die Sowjetunion zwei neue Kampfpanzer entwickelt, einen schweren und einen mittleren. Beide Typen waren dem aktuellen Stand der Technik im Westen weit

Ein weiterer Panzerfriedhof. Die leichte Panzerung des T-26 Modell M 1931 zur Linken wurde durch einen Granateinschlag zerschmettert, im Hintergrund sind ein BT-5 und ein T-26 Geschützpanzer erkennbar. (Anderson)

DEUTSCHE PANZERSTÄRKE BARBAROSSA, STAND JUNI 1941

Typ	PzKpfw I	PzKpfw II	PzKpfw III 3,7 cm	PzKpfw 35 (t)	PzKpfw 38 (t)	PzKpfw III 5 cm	PzKpfw IV	PzBefw	StuG
Anzahl	152	743	259	155	394	707	439	167	200

Weder die T-28 mit ihren fünf Türmen noch die T-26 mit ihrer 45-mm-Kanone konnten den deutschen Vormarsch stoppen. Der T-26 Modell 1939 war bereits mit leicht geneigten Panzerblechen ausgestattet. (Zöllner)

voraus und in Teilaspekten kann man sie als geradezu revolutionär bezeichnen.

Der KW (Kliment Woroschilow) wurde als schwerer Panzer in zwei Varianten produziert. Der KW-1 war ein schwerer Durchbruchspanzer, der KW-2 ein Geschützpanzer mit schwerster Bewaffnung zur Feuerunterstützung. Wanne und Turm beider Versionen entstanden in modernster geschweißter Bauweise. Gemessen am Standard des Jahres 1940 war der Panzerschutz von Wanne und Turm sehr hoch. Ungewöhnlich war, dass dieses hohe Schutzniveau auch an den Seiten und am Heck gehalten werden konnte. Die sechs Laufrollen wurden durch innenliegende Torsionsstäbe abgefedert. Mit einer breiten Kette ausgestattet, war der Bodendruck des Panzers geringer als bei den wesentlich leichteren deutschen Typen. Der KW wurde durch einen Dieselmotor mit 600 PS Leistung angetrieben, was ihm eine gute Beweglichkeit gab. Motor und Getriebe lagen im Heck, der Antrieb war hinten. Einerseits waren die Antriebsaggregate so vor Beschuss sicher, andererseits wurde wertvoller Platz gespart. Der Panzer war mit einer 76,2-mm-Kanone mit ausreichenden Durchschlagsleistungen ausgerüstet.

Der mittlere Panzer T-34 setzte in allen Belangen neue Maßstäbe. Das geschweißte Panzergehäuse zeigte konsequent allseits geneigte Flächen (Front 60°, Seiten 40°, Heck 48°). Die Frontpanzerung betrug 45 mm, die der Seiten und des Hecks 40 mm. Dank der Abschrägung war die tatsächliche Panzerstärke in der Horizontalen wesentlich höher. Zusätzlich konnten Panzergranaten an den schrägen Flächen auch abgelenkt werden, ohne die Panzerung zu beschädigen. Der T-34 war eine Weiterentwicklung der BT-Panzer und nutzte wie diese die für Christie-Laufwerke typischen innenliegenden Schraubenfedern. Auch der T-34 wurde durch einen Dieselmotor angetrieben. Die Kette war als breite Plattenkette ausgelegt. Diese Kette hatte, wie auch die großen Laufräder, keine Öffnungen. So wurde zuverlässig das Eindringen von Schlamm oder Geröll in das Laufwerk verhindert. In der Schlammperiode und im Winter zeigte der T-34 seine Stärken, er blieb wesentlich länger beweglich als andere, konventionellere Panzer.

RUSSISCHE PANZERSTÄRKE, STAND 1941 (GESAMTZAHL BEI ETWA 23.000)

Typ	T-27 Tankette	T-26	BT-5, BT-7	T-35	T-28	T-34	KW-1	KW-2
Anzahl	3.110	9.686	7.502	61	503	1.244	424	213

BARBAROSSA: DER ANGRIFF AUF DIE SOWJETUNION 1941/42

Das Auftreten des T-34 war ein Schock für die sieggewohnten deutschen Panzertruppen. Dieser Panzer wurde im Baltikum von seiner Besatzung verlassen, die Ketten fehlen. Obwohl der T-34 eine Weiterentwicklung des Christie-Laufwerks nutzte, hatten die Konstrukteure auf die Option, ohne Ketten fahren zu können, verzichtet. Auf dem Heck ist ein Ersatzgetriebe erkennbar. (Anderson)

Auf das technische Leistungsspektrum reduziert, waren diese beiden Panzertypen jedem anderen Panzer ihrer Zeit weit überlegen. Der Kampfwert wurde jedoch durch die spezielle wirtschaftliche und politische Lage Russlands relativiert. So gab es sehr große Schwierigkeiten mit der Versorgung einiger entscheidender Komponenten. Ein großer Teil der T 34 der Vorkriegsfertigung war aus Stahlplatten von minderwertiger Qualität produziert worden, die bei Beschuss reißen oder brechen sollten. Das Getriebe dieser ersten Baureihen war technisch nicht ausgereift, Ausfälle waren die Regel. Funkgeräte, unerlässlich für die Führung moderner Streitkräfte, waren nicht ansatzweise ausreichend vorhanden. Diese Probleme konnten im Laufe des Jahres 1942 großteils behoben werden. Spätere Varianten des T-34 erhielten eine leistungsfähigere 76,2-mm-Kanone.

Weiterhin kam der deutsche Angriff für die rote Armee zur Unzeit. Das Offizierskorps war durch die barbarischen „Säuberungen" Stalins entscheidend geschwächt, ein großer Teil der militärischen Elite war liquidiert worden. Der Zustand der Armee war desolat, es gab weder qualifizierte Führer noch Unterführer.

1942 – Entwicklung neuer Waffen

Die deutschen Truppen wurden während des Russland-Feldzuges durch das überraschende Auftauchen überlegener Panzertechnik tief ge-

Typ	Schwerer Panzer KW-1 M 1940	Schwerer Panzer KW-2 M 1940	Mittlerer Panzer T-34 M 1939
Bewaffnung	76,2 mm, 3 MG	152 mm, 3 MG	76,2 mm, 2 MG
Max. Durchschlagskraft auf 1.000 m	58 mm	k.A.	58 mm
Besatzung	5	6	4
Panzerung, frontal	bis 100 mm	bis 100 mm	45 mm
Gewicht	47 t	54 t	26,3 t
Motorleistung	600 PS	600 PS	500 PS
Höchstgeschwindigkeit	34 km/h	32 km/h	53,5 km/h
Leistungsgewicht	12,7 PS/t	11,11 PS/t	19 PS/t
Bodendruck	0,78 kg/cm^2	0,88 kg/cm^2	0,64 kg/cm^2
Reichweite	bis 335 km	bis 220 km	bis 455 km
Gebaute Stückzahl bis 22.6.1941	424	213	1.244

Deutsche Panzermänner bestaunen einen verlassenen und scheinbar unbeschädigten KW-1 M 1940. Der Panzer zeigt zig Abpraller, allein an der linken Seite sind 20 erkennbar. Zu seiner Bekämpfung mussten oft schwere FlaK oder Feldhaubitzen herangezogen werden, sicher keine glückliche Lösung. Im Hintergrund steht ein für Transportzwecke umgebautes PzKpfw I-Fahrgestell. (Anderson)

troffen. Nur die hohe Professionalität der deutschen strategischen und taktischen Führung, sowie das fast totale Fehlen derselben auf russischer Seite, machten die großen Geländegewinne der ersten Monate möglich. Überdehnte Versorgungswege, untaugliche Ausrüstung für den Winter sowie die qualitative Unterlegenheit ließen den deutschen Angriff im Dezember 1941 vor Moskau zum Ende kommen.

Die russische Seite war bis 1943 nicht in der Lage, die konzeptionellen Defizite ihrer modernen Panzer auszugleichen, zu kritisch war die Lage. Das Hauptaugenmerk lag auf der größtmöglichen Ausweitung der Produktion sowie in einer weitgehenden Vereinfachung der Panzerfertigung. Die daraus folgende Senkung der Fertigungsqualität wurde in Kauf genommen.

Nach Beginn der Invasion erhielt die Sowjetunion mit dem Lend-Lease-Abkommen englische Militärhilfe (finanziert durch die USA), ab Mitte 1942 lieferten auch die USA Waffen. Der Gesamtumfang dieser Lieferungen – neben Panzern auch Flugzeuge, Lokomotiven und Lkw – war enorm. Bereits bei der Schlacht um Moskau standen englische Panzer vom Typ Matilda II im Einsatz. Ab Mitte 1942 erhielt die Sowjetunion von den USA große Mengen leichter Panzer vom Typ M3, sowie über 1.400 mittlere Panzer vom Typ M3 Lee (Leistungen siehe Kapitel Nordafrika 1942/43).

Im Jahr 1942 war die deutsche Industrie gefordert. Zum einen wurden bessere panzerbrechende Waffen entwickelt. Die PzKpfw III-Fertigung konnte schnell auf eine 5-cm-Langrohrkanone umgestellt werden. Weiterhin konnten ab 1942 der PzKpfw IV und das Sturmgeschütz mit der wirkungsvollen 7,5-cm-Langrohrkanone kampfwertgesteigert werden. Die Frontpanzerung dieser Fahrzeuge wurde auf 80 mm an-

BARBAROSSA: DER ANGRIFF AUF DIE SOWJETUNION 1941/42

Der KW-2 war als Artilleriepanzer mit einer 152-mm-Haubitze ausgerüstet. Auch dieser Panzer zeigt eine Unzahl scheinbar harmloser Abpraller. Die Haubitze ist im vollen Rücklauf, sie wurde vermutlich von der Besatzung unbrauchbar gemacht. (Anderson)

gehoben. Zusätzlich wurden auf Basis veralteter Panzerfahrgestelle (PzKpfw II und Pz 38 (t)) diverse Selbstfahrlafetten eingeführt, die mit der 7,5-cm-PaK oder erbeuteten russischen Feldkanonen ausgerüstet waren. Diese Fahrzeuge erwiesen sich als wirkungsvolle Panzerjäger.

Parallel dazu wurde die Entwicklung modernerer Panzertypen vorangetrieben. Ab Herbst 1942 erreichte, zunächst in kleinen Stückzahlen, der neue schwere Panzer Tiger die Truppe. Dieser schwer bewaffnete und gepanzerte Panzer sollte das Gefechtsfeld für ein Jahr total beherrschen. Die Konstruktion des Tigers folgte bewährten deutschen Grundsätzen. Die Frontpanzerung erreichte 120 mm, die 8,8-cm-Kanone hatte eine enorme Durchschlagskraft.

Im Jahr 1942 konnte die deutsche Wehrmacht im Süden Russlands weiter vorrücken, der Kaukasus wurde erreicht. Mit der Schlacht bei Stalingrad erlitten die siegesgewohnten deutschen Streitkräfte jedoch ihre erste Niederlage.

Typ	PzKpfw III Ausf. L	Sturmgeschütz Ausf. F	PzKpfw IV Ausf. G	PzKpfw VI Tiger Ausf. E
Bewaffnung	5 cm lang, 2 MG	7,5 cm lang	7,5 cm lang, 2 MG	8,8 cm, 2 MG
Max. Durchschlagskraft auf 1.000 m	47 mm	87 mm	87 mm	100 mm
Besatzung	5	4	5	5
Panzerung, frontal	bis 70 mm	bis 80 mm	bis 80 mm	bis 120 mm
Gewicht	22,7 t	23,2 t	23,6 t	57 t
Motorleistung	265 PS	265 PS	265 PS	650 PS
Höchstgeschwindigkeit	42 km/h	40 km/h	42 km/h	45,5 km/h
Leistungsgewicht	11,7 PS/t	11,4 PS/t	11,5 PS/t	11,4 PS/t
Bodendruck	1,02 kg/cm²	1,01 kg/cm²	0,93 kg/cm²	0,74 kg/cm²
Reichweite	bis 145 km	bis 140 km	bis 210 km	bis 195 km
Gebaute Stückzahl bis 22.6.1941	1.470	616	1.927	1.346

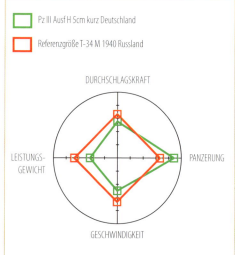

Der PzKpfw III Ausf. H im Vergleich

- Pz III Ausf H 5cm kurz Deutschland
- Referenzgröße T-34 M 1940 Russland

DURCHSCHLAGSKRAFT / PANZERUNG / GESCHWINDIGKEIT / LEISTUNGSGEWICHT

Auch der KW-I wurde bald mit einer verbesserten 76,2-mm-Kanone ausgerüstet. Die Panzerung wurde bei diesem Modell nochmals durch aufgeschraubte Panzerplatten verstärkt. Auch dieser Panzer zeigt keine erkennbaren Schäden, oft genug flüchteten die unerfahrenen russischen Besatzungen nach den ersten harmlosen Einschlägen. (Anderson)

Die Masse der deutschen PzKpfw III war in der zweiten Jahreshälfte 1941 auf die 5-cm-Kanone umgerüstet, auch die Panzerung wurde auf 60 mm verstärkt – was für eine Diskrepanz zu den modernen russischen Panzern. (Erdmann)

Ein Teil der PzKpfw III und IV war tauch- bzw. tiefwatfähig. Diese spezialisierten Fahrzeuge sollten den Grenzfluss Bug überraschend durchqueren. Ähnliche Entwicklungen von tauch- oder schwimmfähigen Panzern wurden auf allen Seiten durchgeführt, teilweise mit gutem Erfolg. (Anderson)

Sturmgeschütze waren in der Lage, auch die modernen T-34 und KW zu bekämpfen. Die kurzkalibrige 7,5-cm-Kanone war trotzdem am Ende ihrer Leistungsfähigkeit. Dieses Fahrzeug der StuGAbt 184 wurde nach einem Treffer total zerrissen. (Von Aufseß)

Im Herbst 1941 wurde die Wehrmacht von der Schlammperiode überrascht. Hier fällt es schwer, festzustellen, wer wen aus dem Dreck zieht. Die T-34 und KW waren an die in Russland vorherrschenden klimatischen Bedingungen besser angepasst. (Anderson)

Die nächste Herausforderung für die deutschen Truppen war der russische Winter. Dieses Sturmgeschütz wird auf ziemlich abenteuerliche Weise auf den Einsatz vorbereitet, ein offenes Feuer soll den Motor anwärmen – bei -45° C. Das Bild entstand im Dezember 1941 bei der StuGAbt 203, als der deutsche Angriff letztendlich zusammenbrach. (Anderson)

Der PzKpfw III konnte in gewissen Grenzen kampfwertgesteigert werden. Diese Ausf. L war mit der langen 5-cm-Kanone ausgerüstet, die auf 500 m die Bekämpfung der meisten gegnerischen Panzer erlaubte. Obwohl die Panzerung nun bis 70 mm betrug, waren zumindest an der Ostfront die Grenzen der Einsatzfähigkeit erreicht. (Anderson)

Auch das Sturmgeschütz konnte mit einer leistungsfähigeren Waffe ausgerüstet werden. Die lange 7,5-cm-Kanone sollte bis Kriegsende erfolgreich im Einsatz stehen. Die ersten Fahrzeuge hatten noch eine Frontpanzerung von 50 mm. Dieses Sturmgeschütz Ausf. F wurde 1942 der StuGAbt der 1. SS Panzerdivision „Leibstandarte Adolf Hitler" zugewiesen. (Anderson)

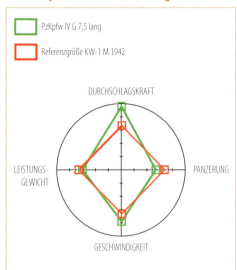

Im April 1942 wurden die ersten PzKpfw IV Ausf. G mit langen 7,5-cm-Kanonen ausgeliefert. Dieser Panzer gehörte der 23. Panzerdivision an. Obwohl der PzKpfw IV fahrwerkstechnisch nicht mehr den aktuellen Anforderungen entsprach, wurde er wie das Sturmgeschütz bis Kriegsende produziert. (Anderson)

Der Tiger sollte als überaus kampfstarker Panzer Geschichte schreiben. Nach Überwindung anfänglicher technischer Schwierigkeiten bewährte sich der Panzer. Die Komplexität des Panzers und das hohe Gewicht setzten seinem Einsatz jedoch enge Grenzen. (Anderson)

Ein gutes Beispiel für die vielen verschiedenen Selbstfahrlafetten war der Marder II Ausf. D. Diese Lösung basierte auf dem Fahrgestell des alten PzKpfw II Ausf. D. Als Bewaffnung diente die russische 76,2-mm-Feldkanone, die 1941 in großen Stückzahlen erbeutet wurde. (Münch)

Die USA lieferten große Mengen Panzer an die Sowjetunion. Dazu gehörte auch der erste mittlere Panzer amerikanischer Produktion, der M3 Lee. Dieser Panzer war bei den Russen nicht sehr beliebt. (Münch)

Auch die Engländer lieferten bedeutende Mengen an Material und Panzern an die Sowjetunion. Dieses Bild zeigt die feierliche Übergabe des ersten Infantry Tank Mk III Valentine in England. Dieser schwer gepanzerte Kampfwagen (Daten siehe Kapitel Nordafrika 1942/43) trug die bekannte 40-mm-Kanone. Die Zensur hat vermeintlich sensible Markierungen unkenntlich gemacht (Library of Congress)

Der Light Tank M3 war ein schneller und zuverlässiger leichter Panzer. Anfangs waren die Fahrzeuge mit fünf MG ausgerüstet. Dieses Foto entstand noch in den USA. (Signal Corps)

Nordafrika 1942/43

In Nordafrika sollten während des Jahres 1942 auf beiden Seiten eine Reihe neuer Kampfpanzer eingeführt werden.

Die Panzerarmee Afrika erhielt die kampfwertgesteigerten PzKpfw III und PzKpfw IV (5 cm und 7,5 cm, beides Langrohrkanonen). Die prekäre Lage an der Ostfront sowie fehlende Fertigungskapazitäten verhinderten die Lieferung von größeren Stückzahlen. Ab Mai waren erst 20 der neuen PzKpfWg III Ausf. L vorhanden, weiterer Nachschub kam nur sporadisch. Im Juni und Juli wurden weitere 76 PzKpfw III Ausf. L sowie 20 PzKPfw IV Ausf. G geliefert.

Bei der letzten Offensive bei El Alamein Ende August 1942 griff die Panzerarmee Afrika mit folgender Stärke an (s. Tabelle unten).

Im Laufe dieser Kämpfe musste anerkannt werden, dass die kurzen 5-cm- und 7,5-cm-Kanonen nicht mehr mit Erfolg gegen moderne Panzer eingesetzt werden konnten. Die mit Langrohr-Geschützen ausgestatteten Panzer sollten sich jedoch bewähren. Während des Gefechts schlugen sich die deutschen Panzer im Allgemeinen gut, nicht zuletzt wegen überlegener Einsatzgrundsätze. Die eigenen Verluste waren deutlich geringer als die Abschusserfolge. Zu weiteren Angriffsoperationen war die geschwächte Panzerarmee Afrika jedoch nicht mehr in der Lage. Rommel trat seinen langen Rückzug an. Die ab Ende 1942 sich immer deutlicher abzeichnende alliierte Luftüberlegenheit fügte den deutschen Verbänden große Verluste zu. Gegen Ende des Jahres 1942 wurden nochmals Verstärkungen geschickt, darun-

DEUTSCHE PANZERSTÄRKE AFRIKA, STAND AUGUST 1942

Typ	PzKpfw II	PzKpfw III kurz	PzKpfw III lang	PzKpfw IV kurz	PzKpfw IV lang	PzBefw	StuG
Anzahl	29	93	73	10	27	167	6

NORDAFRIKA 1942/43

Dieser Crusader II war noch mit der 40-mm-Kanone bewaffnet. Die Fahrzeuge waren schnell und zuverlässig. Im direkten Kampf mit den neueren deutschen Panzern waren sie oft unterlegen, zu schwach war ihre Panzerung. (Signal Corps)

ter auch 30 PzKpfw Tiger Ausf. E. Trotz dieser kampfstarken Fahrzeuge musste die Panzerarmee Afrika im Mai 1943 kapitulieren. Die westlichen Alliierten konnten deutlich mehr Waffen und Panzer aufbieten und somit Verluste schneller ausgleichen.

Eintritt der USA in den Krieg

Im Dezember 1941 traten die USA mit der Kriegserklärung an Japan in den Zweiten Weltkrieg ein. Wenige Tage später erklärten Deutschland und Italien ihrerseits den USA den Krieg. Der weitere Verlauf des Krieges sollte durch die ungeheure wirtschaftliche Stärke der Vereinigten Staaten entscheidend beeinflusst werden. Binnen kürzester Zeit konnte die Zivilfertigung der Automobil-Industrie für die Rüstung genutzt werden.

Nach dem Ende des Ersten Weltkrieges war im Zuge des allgemeinen Abbaus der Streitkräfte das Tank Korps aufgelöst worden, die Verantwortung über die Panzer wurde in die Hände der Infanterie gelegt. Erst 1940 sollten die amerikanischen Panzertruppen als eigenständige Waffengattung neu aufgestellt werden. Noch kurz vor dem japanischen Überfall auf Pearl Harbor war die Zahl der amerikanischen Panzer sehr gering. Vom Light Tank M2 waren ca. 350 Fahrzeuge vorhanden. Auch ein mittlerer Panzer war durchkonstruiert, der Medium Tank M2. Dieser war mit einer 37-mm-Kanone und nicht weniger als sieben MG bewaffnet. Knapp 100 dieser Panzer wurden produziert, waren jedoch bereits bei ihrer Einführung überholt und konnten nur in der Ausbildung verwendet werden.

Typ	Light Tank M3	Medium Tank M3 Lee	Medium Tank M4
Bewaffnung	37 mm, bis 5 MG	75 mm M2, 2 MG	75 mm M3, 2 MG
Max. Durchschlagskraft auf 500 m	48 mm	60 mm	70 mm
Besatzung	4	6	5
Funk	ja	ja	ja
Panzerung, frontal	bis 51 mm	bis 37 mm	Turm 75 mm, Wanne 50 mm
Gewicht	12,5 t	27 t	30 t
Motorleistung	250 PS	340 PS	400 PS
Höchstgeschwindigkeit	58 km/h	42 km/h	32 km/h
Leistungsgewicht	20 PS/t	12,6 PS/t	13,3 PS/t
Bodendruck	k.A.	k.A.	k.A.
Reichweite	112 km	bis 190 km	bis 20 km
Gebaute Stückzahl (alle Varianten)	ca 25.000	ca 6.250	ca 50.000

Auch dieser Valentine III trug noch die 40-mm-Kanone. Als Infanteriepanzer war er besser gepanzert als der Crusader. Der Panzer ist mit Staubschutzblechen am Fahrwerk und Zusatztanks ausgerüstet, typisch für englische Panzer im Wüstenkrieg. (Doyle)

In den sogenannten Blitzkriegen demonstrierte die technisch und taktisch überlegene deutsche Panzertruppe in Polen und Frankreich eine neue Kampfführung. Militärs und Politiker in den Vereinigten Staaten erkannten, dass die amerikanischen Streitkräfte möglichst schnell moderne Panzer brauchten. So wurde die Entwicklung eines neuen leichten Panzers sowie eines kampfstarken mittleren Panzers mit einer 75-mm-Kanone gefordert.

Zunächst wurde eine verbesserte Version des leichten Panzers M2 entwickelt, der als Light Tank M3 in Produktion ging. Gegenüber dem Vorgänger wurde das Fahrwerk leicht modifiziert, die Panzerung verstärkt. Der sehr bewegliche und robuste Panzer wurde sofort auch an England und Russland geliefert, eine wertvolle Verstärkung im Wüstenkrieg.

Die Entwicklung eines neuen mittleren Panzers mit einem Drehturm für die Haupt-

Der schwerste englische Panzer war der Churchill. Die Variante Churchill III trug erstmals die wirkungsvolle 57 mm. (Anderson)

NORDAFRIKA 1942/43

bewaffnung war in der geforderten Zeit nicht möglich. In der Folge wurde auf Basis des M2 ein neuer Kampfpanzer konstruiert. Die 75-mm-Kanone wurde in einer Kasematte seitlich rechts in der Wanne eingebaut, wegen des beschränkten seitlichen Richtbereichs eine wenig befriedigende Lösung. Auf dem Aufbau wurde ein kleiner Turm mit einer 37 mm montiert, um Rundumfeuer zu ermöglichen. Der Medium Tank M3 entstand in genieteter Konstruktion. Von Beginn an als Übergangslösung gedacht, wurden vom Medium Tank M3 schließlich mehr als 6.000 Stück in sechs verschiedenen Varianten, mit unterschiedlichen Motoren produziert. Die USA lieferten 1.200 dieser Panzer im Rahmen des Lend-Lease-Abkommens an die Sowjetunion und weitere 2.900 an die Briten. Trotz seiner konstruktiven Mängel sollte sich der Panzer bewähren. Im Wüstenkrieg stand den englischen Truppen erstmalig eine Waffe zur Verfügung, die der 5-cm-Langrohrkanone gleichwertig war.

Unter Nutzung der Wanne und vieler weiterer Komponenten des Medium Tank M3 wurde 1941/42 der Medium Tank M4 entwickelt. Dieser trug wie gefordert die 75-mm-Hauptbewaffnung in einem großen Turm. Die Panzerung konnte deutlich erhöht werden. Da der neue Panzer in elf Werken produziert wurde, ergab sich eine verwirrende Fülle verschiedener Bauformen. Die M4, M4A2, M4A3 und M4A4 hatten ein geschweißtes Wannenoberteil, der M4A1 ein gegossenes. Der M4A6 wiederum entstand in Mischbauweise (Fahrerfront gegossen, Seitenteile und Heck geschweißt). Der Turm war bei allen Versionen

Einer der wichtigsten Panzer der Engländer im Wüstenkrieg war der amerikanische Medium Tank M3. Die Briten konstruierten einen eigenen Turm, da sie für den Kommandanten ein Funkgerät forderten. Die Panzerung war nur schwach.
(Anderson)

Der Light Tank M3 wurde auch an England geliefert. Von den Briten Stuart I genannt, hatte diese Version einen geschweißten Turm, Nebelkerzen und Staubschutzbleche. (Signal Corps)

gegossen. Im Laufe der Fertigung flossen viele Änderungen und Verbesserungen in die Produktion ein.

Weiterentwicklungen auf britischer Seite

Großbritannien entwickelte seine Cruiser und Infantry Tanks weiter. Mit dem Cruiser Tank Mk VI Crusader wurde das Konzept der schnellen Kampfpanzer weitergeführt. Zunächst mit der bekannten 40-mm-Kanone ausgestattet, war ab Mai 1942 der Crusader Mk III mit einem 57-mm-Geschütz verfügbar. Diese Kanone konnte gleichermaßen im Kampf gegen gepanzerte als auch ungepanzerte Ziele eingesetzt werden, ein Novum bei den britischen Panzern.

Parallel dazu wurde der Infantry Tank Mk III Valentine eingeführt, der den Matilda II ablöste. Deutlich langsamer als die Cruiser Tanks, war dieser jedoch besser gepanzert. Auch der Valentine war zunächst mit der 40-mm-Kanone ausgerüstet, mit dem Mk VIII wurde im Frühjahr 1942 die deutlich bessere 57-mm-Kanone eingeführt. Der Valentine war der zahlenmäßig wichtigste englische Panzer. Obwohl den seinerzeit aktuellen deutschen Panzern nicht gleichwertig, war der Valentine aufgrund seiner Panzerung und technischen Zuverlässigkeit sehr beliebt.

Typ	Cruiser Tank Mk VI Crusader III	Infantry Tank Mk III Valentine VIII	Infantry Tank Mk IV Churchill III
Bewaffnung	57 mm, 2 MG	57 mm	57 mm, 2 MG
Max. Durchschlagskraft auf 500 m	81 mm	81 mm	81 mm
Besatzung	3	3	5
Funk	ja	ja	ja
Panzerung, frontal	bis 51 mm	bis 65 mm	bis 100 mm
Gewicht	20 t	17 t	39 t
Motorleistung	340 PS	160 PS	350 PS
Höchstgeschwindigkeit	43 km/h	42 km/h	25 km/h
Leistungsgewicht	17 PS/t	9,5 PS/t	8,9 PS/t
Bodendruck	k.A.	k.A.	k.A.
Reichweite	bis 322 km	bis 140 km	bis 90 km
Gebaute Stückzahl (alle Varianten)	5.300	8.275	> 7.300

Im November landeten amerikanische Streitkräfte in Marokko und Algerien. Hier posiert die Besatzung eines Medium Tanks M3 vor ihrem Panzer. Dieser M3 Lee ist mit dem amerikanischen Serienturm ausgestattet. (Signal Corps)

Als überschwerer Durchbruchspanzer mit stärkster Panzerung wurde 1941 der Infantry Tank Mk IV Churchill entwickelt. Als schwerster englischer Panzer wurde auch der Churchill anfangs mit der 40 mm ausgerüstet. Ab März 1942 folgte auch hier die 57-mm-Kanone. Der Churchill sollte im Wüstenkrieg aufgrund seiner Panzerung äußerst schwer zu bekämpfen sein, durch seine geringe Geschwindigkeit war er für den modernen Bewegungskrieg aber nur bedingt geeignet. Die große und robuste Wanne eignete sich hingegen gut als Basis für spezialisierte Pionierfahrzeuge. Ab 1943 wurden Brückenleger, Flammpanzer, Minenräumpanzer und weitere Varianten entwickelt und mit großem Erfolg eingesetzt.

Deutlich besser als der M3 Lee war der Medium Tank M4 Sherman. Verglichen mit den deutschen Panzern war der M4 zwar schwächer gepanzert und bewaffnet, er zeigte aber eine wesentlich robustere Technik. Das Fahrwerk war einfach, aber leistungsfähig. (NARA)

NORDAFRIKA 1942/43

Die deutschen PzKpfw III Ausf. L waren mit der 5-cm-Langrohrkanone bestückt. Im Kampf mit den neuesten alliierten Panzern schnitten sie noch gut ab. Die M3 Lee und M4 Sherman konnten ihre deutschen Gegner mit ihren schwereren Kanonen jedoch auf gleiche Entfernungen sicher bekämpfen. Dieses Bild entstand bereits in Tunesien zur Jahreswende 1942/43. (Anderson)

Der PzKpfw III Ausf. L im Vergleich

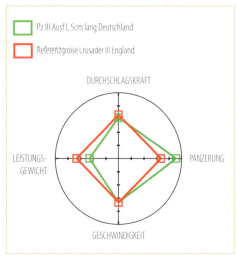

Nach Einbau der 7,5-cm-Langrohrkanone stieg der Kampfwert der PzKpfw IV beträchtlich. Im Laufe des Jahres 1942 wurde auch die Frontpanzerung auf 80 mm erhöht. In dieser Konfiguration blieb der Panzer bis Kriegsende in Produktion. (Anderson)

Nach der verlorenen Schlacht um El Alamein wurde entschieden, die Panzerarmee Afrika mit einer Tigerkompanie zu verstärken. Die Tiger der s PzAbt 501 waren die kampfstärksten Fahrzeuge in Nordafrika. Während eines Einsatzes im Februar 1943 konnte die Abteilung mit 14 Tigern zwei amerikanische Angriffe abwehren. (Schneider)

NORDAFRIKA 1942/43   **145**

Im Februar 1943 wurden Teile der s PzAbt 504 nach Tunesien verlegt. Hier wird ein Tiger Ausf. E von einem Marinefährprahm entladen. Das Fahrzeug trägt die schmalen Verladeketten, auf dem Motordeck sind die äußeren Laufräder verstaut. Kurz vor der Kapitulation meldeten die zusammengefassten Tiger-Truppenteile die Vernichtung von 75 Feindpanzern binnen 4 Tagen. (Anderson)

Die alliierten Truppen in Nordafrika bemängelten die Leistungen der eigenen panzerbrechenden Waffen. Gegen Ende 1942 wurde ein spezialisiertes Panzerjägerfahrzeug entwickelt, der M10 GMC (Gun Motor Carriage). Dieser hochbewegliche Panzer war mit einer 76-mm-Kanone bestückt, damit hatten die Panzerjägereinheiten erstmals eine leistungsfähige Waffe zur Panzerabwehr. (Signal Corps)

Noch waren große Stückzahlen des PzKpfw III vor Kursk im Einsatz. Mit Einführung der 5-cm-Langrohrkanone konnte sein Kampfwert bis ins Jahr 1943 erhalten werden. Die Panzerung dieser Ausführung M wurde auf 70 mm erhöht, trotzdem bepackte die Besatzung die Front mit Kettengliedern. Ab Sommer 1943 standen Panzerschürzen zur Verfügung, die zuverlässigen Schutz gegen russische Panzerbüchsen boten. (Anderson)

Der Kampf im Osten 1943/44

Nach der verlorenen Schlacht bei Stalingrad setzten die Deutschen alle verfügbaren Kräfte für die geplante Sommeroffensive (Operation Zitadelle) bei Kursk ein. Mit diesem Angriff sollte die Initiative im Osten wiedererlangt werden. Im Frühjahr 1943 wurden die Verbände der Heeresgruppen Mitte und Süd für den geplanten Angriff im Kursker Bogen deutlich verstärkt. Der russischen Seite blieben diese Vorbereitungen nicht verborgen, mehrfache Verschiebungen des Angriffstermins wurden zum Ausbau der Stellungen genutzt.

Kampfwertsteigerungen und neue Panzer auf deutscher Seite

Die PzKpfw III und IV konnten auch acht Jahre nach ihrer Entwicklung weiter verbessert werden. Zwar waren noch immer viele PzKpfw III mit der kurzen 5 cm ausgerüstet, die meisten waren bereits jedoch auf die 5 cm lang umbewaffnet. Eine verhältnismäßig große Zahl wurde seit Ende 1942 auf die kurze 7,5-cm-Kanone umgerüstet, die bei der Umbewaffnung der PzKpfw IV auf 7,5 cm lang frei wurden. Dank besserer Hohlladungsmunition konnten diese nun auch mit Erfolg gegen Panzer eingesetzt werden. Die Frontpanzerung dieser Fahrzeuge hatte mit 70 mm am Aufbau die Grenze des Machbaren erreicht.

Bei der Fertigung des PzKpfw IV und der Sturmgeschütze konnte erfolgreich auf die lange 7,5-cm-Kanone umgestellt werden, die Frontpanzerung betrug nun grundsätzlich 80 mm. Damit behielten diese einen gewissen Kampfwert und konnten bis Ende des Krieges mit gutem Erfolg gegen T-34 und KW-I eingesetzt werden, obwohl diese hinsichtlich der Geländegängigkeit weit überlegen waren. Auch

DEUTSCHE PANZERSTÄRKE ZITADELLE, STAND 5.7.1943

Typ	PzKpfw II	PzKpfw 38 (t)	PzKpfw III 5 cm kurz	PzKpfw III 5 cm lang	PzKpfw III 7,5 cm	StuG III
Anzahl	107	12	125	563	325	450

DEUTSCHE PANZERSTÄRKE ZITADELLE, STAND 5.7.1943

Typ	PzKpfw IV 7,5 cm kurz	PzKpfw IV 7,5 cm lang	PzKpfw V Panther	PzKpfw V Tiger	schweres StuG Ferdinand	PzBefw
Anzahl	58	682	200	132	90	111

DER KAMPF IM OSTEN 1943/44

Eine große Zahl der PzKpfw III wurde auf die kurze 7,5-cm-Kanone umgerüstet. Dank neuer Hohlladungsmunition konnten nun auch der T-34 und KW-1 bekämpft werden. Die Treffgenauigkeit war aufgrund der niedrigen V° gering. Auch dieser Panzer zeigt Panzerschürzen. (Anderson)

der Tiger Ausf. E stand nun in größeren Stückzahlen zur Verfügung.

Aus Mangel an Produktionskapazitäten wurden immer mehr Sturmgeschütze an reguläre Panzereinheiten geliefert. Kurz vor dem Angriff auf Kursk sollten zwei Neuentwicklungen ausgeliefert werden. Das schwere Sturmgeschütz Ferdinand entstand aus einem Prototyp der Entwicklungsreihe, die 1942 zum Tiger Ausf. E führte. Porsche hatte eine kleine Serie von Panzerfahrgestellen produziert, die schließlich nicht verwendet wurden. Nach aufwendigem Umbau dieser überzähligen Wannen wurde die überlange 8,8-cm-Kanone in einen großen Panzeraufbau eingebaut. 90 dieser Fahrzeuge standen im Juli 1943 zur Verfügung. Die Panzer waren schwer gepanzert, frontal bis 200 mm, seitlich und hinten mit 80 mm.

Die Hochleistungskanone konnte den T-34 noch auf 3.500 m Entfernung zielsicher treffen und zerstören.

Der Kontakt mit dem modernen T-34 hatte die deutsche Panzerfertigung in ihren Grundfesten erschüttert. Dessen überlegene Beweglichkeit und hoher Panzerschutz führte zu einer grundsätzlichen Neuorientierung. So lief ab 1942 die Entwicklungsarbeit für einen neuen mittleren Panzer, der den PzKpfw IV in absehbarer Zeit ablösen sollte. Das neue Modell sollte die Stärken der deutschen Panzer mit den revolutionären Ideen des T-34 verbinden. 1943 konnte ein mit 46 t recht schwer gewordener mittlerer Panzer, der PzKpfw V Panther, der Truppe übergeben werden. Das neuentwickelte Fahrzeug zeigte allseits geneigte Flächen, vorne betrug die Panzerstärke 80 bis 100 mm,

Typ	PzKpfw III Ausf. N	PzKpfw V Panther Ausf. D	Schweres Sturmgeschütz Ferdinand
Bewaffnung	7,5 cm kurz, 2 MG	7,5 cm überlang, 2 MG	8,8 cm überlang
Max. Durchschlagskraft auf 1.000 m	100 mm HL/C Geschoß	bis 150 mm	bis 193 mm
Besatzung	5	5	6
Funk	ja	ja	ja
Panzerung, frontal	bis 70 mm	Wanne 80 mm, Turm 100 mm	200 mm
Gewicht	23 t	45 t	65 t
Motorleistung	265 PS	700 PS	2 x 265 PS
Höchstgeschwindigkeit	42 km/h	55 km/h	30 km/h
Leistungsgewicht	11,6 PS/t	15,5 PS/t	8,2 PS/t
Bodendruck	1,02 kg/cm²	0,73 kg/cm²	1,23 kg/cm²
Reichweite	bis 145 km	bis 200 km	bis 150 km
Gebaute Stückzahl	614 total	200 bis Juli 1943	90 total

Der PzKpfw IV war ab Mitte 1942 mit der 7,5-cm-Langrohrkanone ausgestattet. Mit Hartkernmunition konnte diese auf 1.000 m 87-mm-Stahl durchschlagen. Dieser Panzer hatte eine 50-mm-Grundpanzerung an der Wannenfront. Zusätzliche 30-mm-Platten verstärkten diese auf 80 mm. (Hoppe)

seitlich 40 mm. Die 7,5-cm-KwK42-Hochleistungskanone (7,5 cm überlang) zeigte überragende Leistungen. Im Juli 1943 stand das PzRgt 39 mit 200 Panzerkampfwagen Panther vor Kursk. Dieser erste Einsatz sollte jedoch zum Fiasko werden. Überhastet an die Front geschickt, litt der Panzer an vielen „Kinderkrankheiten". Der Motor überhitzte leicht, was regelmäßig zu Bränden und zum Ausfall des Panzers führte. Nach Bewältigung dieser Probleme entwickelte sich der Panther zu dem vielleicht leistungsfähigsten Panzer des Zweiten Weltkrieges. Der PzKpfw IV sollte entgegen den Planungen bis Kriegsende weiter gefertigt werden. Bei einer Einstellung der Fertigung dieses Panzers während des Übergangs auf den Panther wäre die Produktion eingebrochen, mit unabsehbaren Folgen für die Front.

1943: Die Rote Armee – Massenproduktion um jeden Preis

Die Russen zogen einen Großteil der verfügbaren Panzer- und Fliegerverbände zur Verteidigung des Kursker Frontbogens ab. Die meisten der eingesetzten Panzer waren vom Typ T-34 und KW-1, jedoch standen noch sehr viele technisch überholte Panzer wie der T-26 im Einsatz. Auch britische und amerikanische Typen, die im Rahmen des Lend-Lease-Abkommens geliefert worden waren, waren in großer Zahl vorhanden. Insgesamt standen den Sowjets wohl 5.000 Panzer zur Verfügung (gegenüber ca 2.600 auf deutscher Seite). Noch 1942 reichten die Kapazitäten der russischen Rüstungsfirmen gerade aus, um die immensen Verluste auszugleichen. Grundlegende Verbesserungen am zahlenmäßig wichtigsten Typ T-34 waren nicht möglich. Im Jahre 1943, nach der deutschen Niederlage bei Stalingrad, sollte sich die Situation langsam ändern. Hauptaugenmerk der sowjetischen Konstrukteure war die Entwicklung von Geschützen mit höherer Durchschlagskraft, um dem Tiger und den zu erwartenden neuen deutschen Entwicklungen Paroli bieten zu können.

T-34
Der Angriff der Deutschen im Jahr 1941 zwang zur kompromisslosen Ausweitung der Produktion des wichtigsten Panzers, mit entsprechenden Auswirkungen auf die Fertigungsqualität. Der T-34 wurde bis ins Jahr 1943 fast unverändert gebaut, da jede Formänderung einen Rückgang der Fertigung bedeutet hätte. Erst nach dem russischen Sieg bei Stalingrad begannen Bestrebungen, den Kampfwert der russischen Panzer zu erhöhen. In der Schlacht bei Kursk sollten T-34 in verschiedensten Ausfüh-

DER KAMPF IM OSTEN 1943/44

Sturmgeschütze waren ursprünglich eine Unterstützungswaffe der Infanterie und organisatorisch in die Artillerie eingegliedert. Ab 1942 sollten diese turmlosen Fahrzeuge vermehrt zur Panzerbekämpfung verwendet werden. Diese Sturmgeschütze einer Sturmartillerie-Abteilung sind zum größten Teil mit 7,5 cm lang bewaffnet, die beiden vorderen jedoch mit 10,5-cm-Haubitzen. (Hoppe)

rungen im Einsatz stehen, die modernen Typen hatten einen deutlich größeren 3-Mann-Turm. Weder Panzerung noch Bewaffnung (76,2 mm) konnten bis zum Sommer 1943 weiter verbessert werden.

SU-122

Die Einführung des schweren deutschen PzKpfw Tiger stellte die Sowjets vor große Probleme. Mit den vorhandenen Panzerabwehrgeschützen konnte der Tiger nur unter bestimmten Umständen sicher bekämpft werden. Aus diesem Grunde wurde entschieden, herkömmliche Artilleriegeschütze für den Einbau in Panzer zu verwenden. Ähnlich den deutschen Sturmgeschützen wurde das 122-mm-M-30-Geschütz in einem festen Aufbau auf Basis des T-34 eingebaut. Diese Lösung war nicht perfekt, zeigte sich aber in der Lage, die schweren deutschen Panzer erfolgreich zu bekämpfen.

KW-1

Auch der schwere Panzer KW-1 wurde bis ins Jahr 1943 fast unverändert gebaut. Das Schutzniveau konnte sukzessive erhöht werden, einige Herstellerfirmen produzierten neue Stahlgusstürme, andere brachten massive Zusatzpanzerungen an. Die ständige Verstärkung der Panzerung führte zu einer Gewichtszunahme des Panzers. Ende 1942 wurde der Entwurf des

Typ	SU-122	KV-1s	SU-152	JS-2 Stalin
Bewaffnung	122-mm-Haubitze	76,2 mm lang, 2 MG	152 mm	122-mm-Kanone
Max. Durchschlagskraft auf 1.000 m	k.A.	bis 67 mm	k.A.	k.A.
Besatzung	4	4	6	4
Funk	ja	ja	ja	ja
Panzerung, frontal	45 mm	75 mm, Turm auch seitlich	bis 75 mm	Turm bis 160 mm, Wanne bis 120 mm
Gewicht	31 t	42,5 t	45,5 t	46 t
Motorleistung	500 PS	600 PS	600 PS	520 PS
Höchstgeschwindigkeit	55 km/h	43 km/h	43 km/h	37 km/h
Leistungsgewicht	16,2 PS/t	14,11 PS/t	13 PS/t	11,3 PS/t
Bodendruck	0,70 kg/cm²	0,80 kg/cm²	0,85 kg/cm²	0,82 kg/cm²
Reichweite	bis 450 km	k.A.	k.A.	bis 240 km
Gebaute Stückzahl	638 total	2.261 bis Juli 1943	670 total	> 3.300 total

Dieser Tiger der s PzAbt 503 überquert sumpfiges Gelände mithilfe eines Knüppeldamms. Der Tiger war dank seiner 8,8-cm-Kanone bis Ende 1943 jedem Feindpanzer überlegen, seine Panzerung schützte ihn zuverlässig. Seitlich am Turm waren Nebelkerzen angebracht. (Anderson)

KW in wesentlichen Bereichen geändert, was äußerlich kaum sichtbar war. Im Wesentlichen konnte das Gewicht des KW-1s so auf 43 t gedrückt werden. Die 7,62-cm-Kanone wurde weiter eingebaut, möglicherweise stand zu diesem Zeitpunkt kein geeignetes stärkeres Geschütz zur Verfügung.

SU-152

Auch das Fahrgestell des KW-1s wurde zur Schaffung einer schweren Selbstfahrlafette herangezogen. Aufgrund der Größe des Panzers war es möglich, die 152-mm-Kanonen-Haubitze einzubauen. Auch dieses Fahrzeug war eine Notlösung, die zweiteilige Munition und der große Raumbedarf des Geschützes machten das Laden umständlich, die Treffgenauigkeit war aufgrund der geringen V° von 600 m/s schlecht. Wie das SU-122 bewährten sich diese schweren Geschütz-Panzer bei der Bekämpfung befestigter Stellungen. Dank des großen Kalibers waren beide in der Lage, auch schwere deutsche Panzer erfolgreich zu bekämpfen.

1944 – Mehrfrontenkrieg in Europa

Das Unternehmen Zitadelle, der Angriff auf den Kursker Frontbogen, musste am 16. Juli abgebrochen werden. Die Landung der westlichen Alliierten auf Sizilien zwang das deutsche Oberkommando zur Entsendung verschiedener Truppenteile von der Ostfront nach Italien. Obgleich die deutschen Verluste im Osten überschaubar waren, ging die strategische Ini-

Der Panther, hier Fahrzeuge der PzAbt 52, war ein sehr ausgewogenes Fahrzeug. Die überlange 7,5-cm-Hochleistungskanone war eine der besten Waffen ihrer Art. Sie war treffsicher und konnte auch schwere Panzer auf weite Entfernungen bekämpfen. (Hoppe)

Der neue mittlere Panzer war gut gepanzert, aber nicht unverwundbar. Bei diesem Panzer der 5. SS-PzGrenDiv „Wiking" sind drei saubere Durchschüsse im Turm sichtbar. Im Gefecht galt es zu verhindern, dass der Gegner die schwächer gepanzerten Flanken der Panzer unter Feuer nehmen konnte. (Anderson)

tiative nun vollständig verloren. Während die Sowjets im Osten noch Reserven hatten, fehlten diese auf deutscher Seite. Die materielle Überlegenheit der russischen Streitkräfte, verstärkt durch die Hilfslieferungen der westlichen Alliierten, trieb die Front in harten Kämpfen nach Westen. Die deutschen Panzertruppen agierten nicht mehr, sie waren gezwungen zu reagieren.

An der Ostfront waren die deutschen Verbände 1944 nicht mehr zu koordinierten Offensiven in der Lage. Im Juni des Jahres standen im Osten etwa 1.200 Panzer und Sturmgeschütze zur Verfügung, davon entfielen etwa 630 auf die Heeresgruppe Mitte. Hier konnten die Sowjets fast 6.000 Panzer konzentrieren. Die folgende Offensive (Operation Bagration) sollte diese Heeresgruppe vernichtend schlagen, die deutschen Verbände wurden weit nach Westen geworfen.

Im Jahr 1944 waren die Sowjets in der Lage, auch qualitative Verbesserungen in ihre Panzerrüstung einfließen zu lassen. Der KW-85 war ein erstes Beispiel, er wurde jedoch nur in geringen Stückzahlen gebaut. Das Ziel dieser Entwicklungen war ein schwerer Panzer mit einer entsprechend schweren Bewaffnung – der

JS-2. Dieser Panzer wurde ab Mitte 1944 in immer größeren Stückzahlen an die Front geliefert. Seine 122-mm-Kanone war sehr leistungsfähig. Aufgrund der geringen Anfangsgeschwindigkeit konnte die Panzergranate die Panzerung des Panthers oder des Tiger Ausf. B bei spitzem Auftreffwinkel nicht sicher durchschlagen. Die Sprenggranaten hatten hingegen eine sehr große Wirkung im Ziel und konnten die deutschen schweren Panzer zuverlässig stoppen. Der JS-2 war dank seiner starken Panzerung auch für die modernen deutschen Panzer ein gefürchteter Gegner.

In der Zwischenzeit war es gelungen, den T-34 mit einem neuen Turm auszurüsten. Dieser ähnelte dem des KW-85 und trug dementsprechend ein 85-mm-Geschütz. Ab Mitte 1944 wurde auch dieser Panzer in immer größeren Stückzahlen gebaut.

Für die deutsche Panzertruppe war diese Entwicklung problematisch. Zwar waren Panther und Tiger Ausf. E noch immer überlegen, der Vorsprung schwand jedoch zunehmend. Auch der T-34 war nun in der Lage, die modernsten deutschen Panzer auf ähnliche Kampfentfernung zuverlässig zu vernichten. Ungleich schwerer wog, dass sowohl die

Das schwere Sturmgeschütz Ferdinand war 1943 das schwerste Panzerfahrzeug im Einsatz. Mit 200 mm sehr gut gepanzert, war er mit der leistungsgesteigerten 8,8-cm-Kanone bestückt. Der Panzer litt gewichtsbedingt unter einem technisch äußerst anfälligen Antrieb. Das totale Fehlen eines MG zur Selbstverteidigung führte zu vermeidbaren Verlusten. (Anderson)

PzKpfw IV als auch die Sturmgeschütze der feindlichen Waffenwirkung ausgesetzt waren, lange bevor die eigenen 7,5 cm lang erfolgversprechend eingesetzt werden konnten.

Auf deutscher Seite wurde nun alles getan, um den qualitativen Vorsprung zu halten. Der erfolgreiche Panther sollte mit der langen 8,8-cm-Kanone (siehe Ferdinand) ausgestattet werden. Da das schwere Geschütz nicht in den vorhandenen Turm eingebaut werden konnte, wurde ein Kasematt-Aufbau entwickelt. Das Fahrzeug wurde Jagdpanther genannt und sollte sich sehr gut bewähren.

Der Tiger Ausf. E sollte grundlegend weiterentwickelt werden. Das Nachfolgemodell, der Tiger Ausf. B, wurde mit einer neuen Wanne mit allseits geneigten Panzerblechen und stärkster Panzerung sowie der langen 8,8-cm-Kanone bestückt.

Der Logik des deutschen Panzerbaus folgend, wurde auch das Fahrgestell des Tiger Ausf. B unter Nutzung der 12,8-cm-Panzerjägerkanone zur Schaffung einer schweren Selbstfahrlafette verwendet. Der Jagdtiger sprengte alle Maßstäbe, die schwere Kanone hatte eine große Sprengwirkung und ähnliche Durchschlagsleistungen wie die lange 8,8-cm-PaK.

Auf dem Papier sollten der Tiger Ausf. B und der Jagdtiger die kampfkräftigsten Panzer ihrer Zeit sein, in der harten Realität wurde das mit einer deutlich herabgesetzten taktischen Beweglichkeit erkauft. Überdies konnten beide nicht überall eingesetzt werden, Aufklärung und Auswahl des Geländes waren überaus

DER KAMPF IM OSTEN 1943/44 **153**

Der T-34 zeigte bemerkenswerte Leistungen. Im Jahr 1942 konnte eine leistungsstärkere 76,2-mm-Kanone eingeführt werden. Aus fertigungstechnischen Gründen hatten alle T-34 ab 1942 Gusstürme. Dieser Panzer überwalzt eine bespannte deutsche 10,5-cm-Feldhaubitze. (Anderson)

wichtig. Einmal festgefahren, war eine Bergung nicht immer möglich.

Im Jahr 1944 mussten aus der Not heraus alle verfügbaren industriellen Kapazitäten genutzt werden, um Panzer in ausreichender Stückzahl zu produzieren. So wurden auf Basis des alten PzKpfw-IV-Fahrgestells Sturmgeschütze (StuG IV) und Panzerjäger gebaut, die in etwa denselben Kampfwert wie die Sturmgeschütze auf Basis des PzKpfw III hatten. Der

Russland produzierte große Stückzahlen leichter Panzer. Der T-60 war mit einer 20-mm-Waffe und einem MG bestückt. Das sehr einfache Fahrzeug wurde mit Erfolg als Aufklärungsfahrzeug eingesetzt. (Anderson)

1943 wurde für den T-34 ein neuer 3-Mann-Turm eingeführt, eine große Verbesserung. Der Kommandant konnte sich nun auf die Führung des Panzers konzentrieren. (Anderson)

Panzer VI/70 schließlich konnte mit der wirkungsvollen 7,5-cm-Kanone des Panthers ausgerüstet werden und hatte eine sehr gute Panzerung. Das unveränderte Fahrwerk des alten PzKpfw IV war jedoch aufgrund des hohen Gewichts hoffnungslos überlastet, was zu ständigen Defekten führte. Auch war die Geländegängigkeit des kopflastigen Panzerjägers deutlich herabgesetzt.

1944 wurde noch ein leichter Panzerjäger eingeführt. Unter Nutzung des modernisierten Fahrwerks des PzKpfw 38 entstand ein elegantes und hochbewegliches Fahrzeug. Die leichte Panzerung erlaubte nur den Einsatz aus gedeckten Stellungen, die Leistung der 7,5-cm-Kanone entsprach der des Sturmgeschützes III.

Der T-34 M 1943 im Vergleich

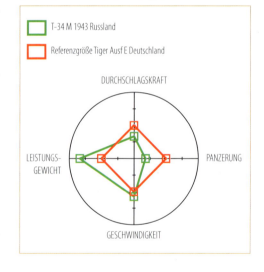

Typ	Panzerjäger Jagdpanther	Tiger Ausf. B	Panzerjäger Jagdtiger	Panzer IV/70	Jagdpanzer 38
Bewaffnung	8,8 cm lang, 2 MG	8,8 cm lang, 2 MG	12,8 cm, 1 MG	7,5 cm überlang, 1 MG	7,5 cm lang, 1 MG
Max. Durchschlagskraft auf 1.000 m	bis 193 mm	bis 193 mm	bis 202 mm	bis 150 mm	bis 87 mm
Besatzung	5	5	6	4	4
Funk	ja	ja	ja	ja	ja
Panzerung, frontal	bis 80 mm	Wanne 150 mm, Turm 180 mm	Wanne 150 mm, Aufbau 250 mm	bis 80 mm	bis 60 mm
Gewicht	46 t	70 t	75 t	25,5 t	16 t
Motorleistung	700 PS	700 PS	700 PS	265 PS	150 PS
Höchstgeschwindigkeit	46 km/h	42 km/h	30 km/h	35 km/h	40 km/h
Leistungsgewicht	13 PS/t	10 PS/t	8,2 PS/t	10,4 PS/t	9,4 PS/t
Bodendruck	0,89 kg/cm^2	0,78 kg/cm^2	1,11 kg/cm^2	0,91 kg/cm^2	0,85 kg/cm^2
Reichweite	bis 160 km	bis 200 km	bis 100 km	bis 210 km	bis 180 km
Gebaute Stückzahl	417	489	85	930	2.602

Auch der KW-1 konnte bis 1943 nur geringfügig weiterentwickelt werden. Dieses Modell 1942 zeigt einen Guss-Turm und die längere 76,2 mm. Über die Fahrerfront wurde eine grobe Panzerplatte geschweißt. (Wilhelm)

Der SU-122 war das Ergebnis des Versuchs, den T-34 mit höherer Feuerkraft auszustatten. Mit einer 122-mm-Haubitze bewaffnet, diente er der Bekämpfung ungepanzerter Ziele. Die Sprenggranaten konnten auch gegen den schweren deutschen Panzer Tiger eingesetzt werden. (Konetzny)

Auch auf dem Fahrgestell des KW-1s sollte ein schweres Sturmgeschütz aufgebaut werden. Die 152-mm-Kanonenhaubitze verlieh dem Panzer eine sehr große Feuerkraft. (Pasholok)

1943 konnte der Kampfwert des KW schließlich entscheidend verbessert werden. In einem deutlich größeren Turm wurde eine 85-mm-Kanone eingebaut. Diese Variante sollte nur in geringen Stückzahlen gebaut, und dann vom JS-2 abgelöst werden. (Anderson)

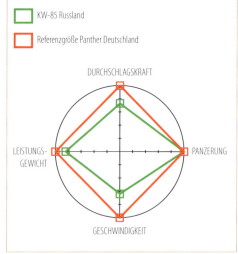

Der KW-85 im Vergleich

- KW-85 Russland
- Referenzgröße Panther Deutschland

DER KAMPF IM OSTEN 1943/44   **157**

Der KW-1s war deutlich beweglicher als seine Vorgängermodelle. Trotzdem war der Panzer immer noch mit derselben Kanone wie der wesentlich leichtere T-34 bewaffnet. Diese Panzer fahren für den Fotografen einen schneidigen Angriff, seitlich klammern sich russische Infanteristen fest. (Anderson)

Der T-34/85 M 1944 im Vergleich

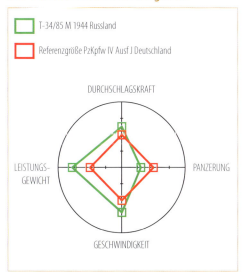

1944 konnte der T-34 mit einem größeren Turm und einer 85-mm-Kanone ausgerüstet werden. Damit war dieser Panzer dem PzKpfw IV und dem Sturmgeschütz III überlegen und den modernen Typen Tiger und Panther gewachsen. (Kocsis)

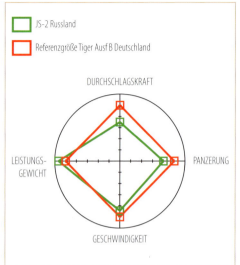

Der JS-2 im Vergleich

- JS-2 Russland
- Referenzgröße Tiger Ausf B Deutschland

Der JS-2 war der Endpunkt der Entwicklung schwerer russischer Panzer im Zweiten Weltkrieg. Schwer gepanzert, war er mit einer 122-mm-Kanone bewaffnet. Nach dem Krieg sollte die Entwicklung weitergehen, die Russen hielten bis in die 1960er-Jahre am taktischen Konzept schwerer Panzer fest. (Anderson)

Auch auf Basis des JS-2 wurden Sturmgeschütze entwickelt. Das JSU-152 trug die 152-mm-Kanonenhaubitze des SU-152. Da die Produktion dieses Geschützes zu gering war, wurde in die Selbstfahrlafette auch eine 122-mm-Kanone eingebaut. Dieses JSU-122 nähert sich Berlin im Frühjahr 1945. (Anderson)

Nach Überwindung der anfänglichen Qualitätsprobleme war der Panther ein sehr effektiver Kampfpanzer. Diese Ausf. G gehörte zur 5. Panzerdivision. Die überlange 7,5-cm-Kanone konnte jeden Feindpanzer auf sehr weite Entfernungen ausschalten. (Erdmann)

Der Jagdpanzer VI ähnelte dem Sturmgeschütz. Die Panzerung war ballistisch besser geformt, das Schutzniveau höher. Die schwere Panzerung führte jedoch zu einem Anstieg des Gewichts, der Panzer war technisch anfällig. (Von Aufseß)

Im Jahr 1944 war der Anteil der Sturmgeschütze in der deutschen Panzerwaffe sehr hoch. Zum einen waren diese Fahrzeuge schneller und wirtschaftlicher herzustellen, zum anderen hatten die Herstellerfirmen Kapazitäten frei. (Anderson)

Der Tiger Ausf. B verband die geschossabweisende Form des Panthers mit hohem Panzerschutz. Auf die überlegene Beweglichkeit des Panthers wurde verzichtet. Die lange 8,8-cm-Kanone war treffsicher und hatte sehr gute Durchschlagsleistungen. (Anderson)

Der Hetzer entstand aufgrund eines anderen Denkansatzes: Leicht und beweglich, konnte das Fahrzeug gut in der Verteidigung aus gedeckten Stellungen heraus eingesetzt werden. (Anderson)

Der Panzer IV/70 (hier ein Versuchsstück) war eine Weiterentwicklung des Jagdpanzer IV. Sowohl die Panzerung als auch die Bewaffnung konnten stark erhöht werden. Die Kampfkraft wurde durch eine verminderte Beweglichkeit relativiert. (NARA)

Der Jagdtiger war das schwerste in Serie gebaute Panzerfahrzeug des Zweiten Weltkrieges. Die Vorteile der starken Panzerung und des enormen Kalibers von 12,8 cm wurden durch die gewichtsbedingte Einschränkung der Beweglichkeit mehr als kompensiert. (Anderson)

164 PANZER IM EINSATZ

Sturmgeschütze machten ein Drittel der deutschen Kräfte in Sizilien aus. Dieses StuG III Ausf. G der Panzerdivision „Hermann Göring" durchbricht medienwirksam eine Mauer. Der Kampfwert dieser Panzer war noch gut, aufgrund des fehlenden Turmes mussten sie jedoch überlegt eingesetzt werden. (Anderson)

Die Eroberung Italiens 1943 bis 1945

Im Juli 1943 landeten alliierte Streitkräfte in Sizilien, und schufen so die von den Sowjets seit langem geforderte zweite Front. 230 deutschen Panzern standen geschätzte 600 gegnerische Panzer gegenüber.

Amerikaner und Engländer konnten den größten Teil der Insel nach kurzer Zeit einnehmen. Im Osten war der deutsche Widerstand härter, Messina konnte nach schweren Kämpfen am 17. August genommen werden.

Anfang September überwanden die Alliierten die Straße von Messina. Für die Verteidigung Süditaliens standen den Deutschen im August 1943 etwa 770 Panzer zur Verfügung (Flammpanzer und PzKpfw II nicht mit eingerechnet). Die Zahl der alliierten Panzer ist nicht bekannt, es ist anzunehmen, dass diese deutlich höher war.

Auf dem Festland konnte der alliierte Vormarsch deutlich verlangsamt werden. Die deutschen Einheiten konnten Verteidigungslinien vorbereiten, die bei einer Rücknahme der Front nur noch bezogen werden mussten. In der Folge verließen sich Amerikaner und Briten bei ihrem Vormarsch mehr und mehr auf ihre Luftwaffe sowie Artillerie. Jeder Angriff wurde mit großem Munitionsaufwand vorbereitet und im Verlauf weiter unterstützt. Die deutschen Panzer waren gezwungen, Verlegungsmärsche und die Versorgung nur noch in der Nacht durchzuführen, zu groß war die Gefahr eines vernichtenden Luftangriffs. Erschwerend kam hinzu, dass besonders die amerikanischen M4 Sherman deutlich besser mit dem zum Teil gebirgigen Terrain des Apennins klarkamen. Alle deutschen Panzer, insbesondere die schweren Typen, litten unter technischen Problemen. Seitenvorgelege und Bremsen fielen auf den Serpentinen reihenweise aus, die

DEUTSCHE PANZERSTÄRKE SIZILIEN, STAND 10.7.1943

Typ	PzKpfw III 5 cm lang	PzKpfw III 7,5 cm	PzKpfw IV lang	StuG III	Tiger Ausf. E	PzBefw
Anzahl	49	3	78	72	17	11

DIE EROBERUNG ITALIENS 1943 BIS 1945

Bis September kämpften italienische Einheiten auf Seiten der deutschen Verteidiger. Die Ausstattung der Italiener war den alliierten Panzern nicht gewachsen. Diese zerstörten Semovente 75/18 waren Selbstfahrlafetten auf Basis des M13/40. (NARA)

Nach deutschem Muster wurde die 90-mm-FlaK auf das Fahrgestell des M13/40 lafettiert, um eine wirkungsvolle Panzerabwehr-Selbstfahrlafette zu schaffen. 1943 wurden 48 Semovente 90/53 gebaut. Die Geschützbedienung war dem feindlichen Feuer fast ungeschützt ausgeliefert. (NARA)

Zahl einsatzbereiter Panzer verringerte sich von Tag zu Tag.

Auf deutscher Seite wurden im Verlauf des Jahres 1944 noch beeindruckende Verstärkungen zugeführt. So liefen im Februar, als Reaktion auf die alliierte Landung bei Anzio (nahe Rom), eine Kompanie schwerer Ferdinand Sturmgeschütze, 60 Sturmpanzer, 80 Panther und 45 Tiger Ausf. E zu. Im Juni folgte eine weitere Tiger-Abteilung mit 45 Tigern. Auch diese Verstärkungen konnten den stetigen Rückzug nur verlangsamen.

Weder Amerikaner noch Engländer warfen neue Panzermodelle in den Kampf. Die konzeptionell unterlegenen M3 Medium wurden sukzessive durch M4 ersetzt. Dieser Panzer kompensierte die schwächere Bewaffnung und Panzerung gegenüber den deutschen Modellen mit seiner robusten Technik. Ausfälle konnten von den Alliierten leicht verschmerzt werden, die US-Industrie lief auf Hochtouren. Der Ausstoß an M4 Sherman war groß genug, um auch große Teile der englischen Verbände damit auszurüsten.

Die Alliierten konnten durch ihren schnellen Vormarsch die beiden Fronten in Süditalien und im Brückenkopf Anzio vereinen. Danach wurde Rom kampflos geräumt, die Deutschen verschanzten sich in weiteren Verteidigungsstellungen. Ein entscheidender Durchbruch konnte nicht erzielt werden, der Krieg in Italien sollte bis ins Jahr 1945 andauern.

DEUTSCHE PANZERSTÄRKE SÜDITALIEN, STAND 20.8.1943

Typ	PzKpfw III 5 cm lang	PzKpfw III 7,5 cm	PzKpfw IV kurz	PzKpfw IV lang	StuG III	PzKpfw Panther	PzKpfw Tiger Ausf. E	PzBefw
Anzahl	35	41	20	343	184	71	35	50

Die Masse der deutschen Panzereinheiten war mit PzKpfw IV ausgestattet. Diese fabrikneue Ausf. H wurde der Panzerdivision „Hermann Göring" 1943 als Ersatz geliefert. Gegenüber den alliierten Panzern konnten sich die PzKpfw IV noch durchsetzen. (Anderson)

Auf dem italienischen Kriegsschauplatz wurden überraschend viele Tiger eingesetzt. Dieses Fahrzeug der schweren Panzerabteilung 504 wurde in einen kleinen Wald gefahren, um der überlegenen gegnerischen Luftwaffe zu entgehen. Ein erfolgreicher Einsatz der schweren Panzer in dem schwierigen Terrain war nur beschränkt möglich. (Bumüller)

DIE EROBERUNG ITALIENS 1943 BIS 1945

Auch die mittleren PzKpfw Panther konnten den alliierten Vormarsch nicht stoppen. Wo immer möglich, wurden bei Auftreten dieser Panzer Jagdbomber oder Artillerieunterstützung angefordert. (Anderson)

Die verbliebenen 50 schweren Sturmgeschütze vom Typ Ferdinand wurden im Januar 1943 aufwendig umgebaut, unter anderem wurden sie mit einem Bug-MG ausgestattet. Ein kleines Kontingent sollte zur Abwehr der alliierten Landung bei Anzio nach Italien geschickt werden. Die kampfkräftigen Fahrzeuge bewährten sich im Rahmen ihrer Möglichkeiten. (Anderson)

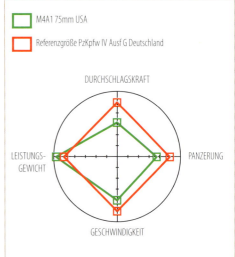

Der M4A1 im Vergleich

- M4A1 75mm USA
- Referenzgröße PzKpfw IV Ausf G Deutschland

DURCHSCHLAGSKRAFT · PANZERUNG · GESCHWINDIGKEIT · LEISTUNGSGEWICHT

Der M4 Sherman war der zahlenmäßig wichtigste alliierte Panzer. Dieser M4A1 (gegossene Wanne) durchpflügt nach der Landung den Sandstrand. Seine Robustheit war legendär. (NARA)

Eine gewisse Anzahl der schwerfälligen Infantry Tank Mk IV Churchill war in Italien im Einsatz. Der Kampfwert einiger dieser Panzer wurde durch Einbau der amerikanischen 75-mm-Waffenanlage erhöht. Dieser Churchill IV (NA75) durchquert eine italienische Ortschaft. (Doyle)

DIE EROBERUNG ITALIENS 1943 BIS 1945 **169**

Zwei britische M4A2 (von den Engländern Sherman III genannt) in Italien. Auch bei den englischen Panzereinheiten war dieser Panzer zahlenmäßig wichtig. (NARA)

Dieser amerikanische M4 wurde durch eine Mine zerstört, Teile des Laufwerks wurden abgerissen. Die beiden Erker für Fahrer und Funker wurden durch aufgeschweißte Stahlplatten zusatzgepanzert. (NARA)

Die Feuerkraft der M10 Tank Destroyer wurde dringend bei der Bekämpfung der modernen deutschen Panzer benötigt. Der Einsatz musste gut koordiniert werden, da die Panzerung dieser Panzerjäger auch leichtem Feindfeuer nicht widerstehen konnte. (NARA)

Eine wichtige Unterstützung der amerikanischen und englischen Einheiten war der M7 Priest. Diese Fahrzeuge auf Basis des M4 trugen eine vielseitig einsetzbare 105-mm-Haubitze und waren in großen Mengen verfügbar. (NARA)

Die Ausf. J war das letzte Produktionsmodell des PzKpfw IV, der Panzer war 10 Jahre in Produktion. Dieser Panzer gehörte zur SS-Panzerdivision „Leibstandarte Adolf Hitler". Das brandneue Fahrzeug wurde in der Nähe der Invasionsfront zwischen Bäumen untergezogen, um den alliierten Fliegern zu entgehen. Die MG in Turm und Wanne sind nicht montiert.
(Anderson)

Von der Normandie nach Deutschland 1944/45

Am 6. Juni 1944 begann die Operation Overlord, die alliierte Landung in Frankreich. Obwohl auf deutscher Seite seit langem erwartet, erfolgte der Angriff letztendlich überraschend in der Normandie.

In direkter Nähe der Landung lagen fünf Panzerdivisionen, weitere Einheiten wurden schnellstmöglich nachgezogen. Wieder gibt es recht genaue Unterlagen über die Stärke der deutschen Streitkräfte, verlässliche Zahlenangaben der Alliierten sind nicht verfügbar. In den deutschen Einheiten war die Zahl der PzKpfw IV gesunken, die moderneren Panther waren nun in größeren Stückzahlen verfügbar. Der Tiger Ausf. E wurde ab September durch den Tiger Ausf. B abgelöst, beide waren als schwere Panzer in moderaten Zahlen vorhanden. Der Anteil von Sturmgeschützen in Panzereinheiten war immer noch beträchtlich, den neuen Panzerbrigaden konnte auch der neue Pz IV/70 zugeteilt werden. Die geringe Zahl der Panzerbefehlswagen mag verwundern. Es handelte sich hier jedoch um spezialisierte Fahrzeuge. Ende 1944 konnten herkömmliche Kampfpanzer vom Typ Panther und Tiger sowie die Selbstfahrlafetten leicht in PzBefw umgerüstet werden, die jeweilige Hauptbewaffnung blieb gebrauchsfähig.

Auch auf Basis des PzKpfw IV wurde ein Sturmgeschütz entwickelt. Diese Fahrzeuge wurden den Panzerjäger-Kompanien der Infanteriedivisionen zugeteilt. Taktisch richtig eingesetzt, bewährten sie sich als Panzerjäger.
(Anderson)

DEUTSCHE PANZERSTÄRKE INVASION, STAND JUNI/JULI 1944

Typ	PzKpfw III 7,5 cm	PzKpfw IV kurz	PzKpfw IV lang	StuG	PzKpfw Panther	PzKpfw Tiger E	Beutepanzer	PzBefw
Anzahl	4	21	654	140	482	48	92	8

Der PzKpfw IV diente bis Kriegsende. Diese total zerstörte Ausf J trägt die Panzerschürzen neuester Bauart aus Maschendraht. Der Wirkung moderner Panzerkanonen war der Panzer nicht mehr gewachsen. (NARA)

VON DER NORMANDIE NACH DEUTSCHLAND 1944/45

DEUTSCHE PANZERSTÄRKE WESTFRONT, VERSTÄRKUNGEN BIS NOVEMBER 1944

Typ	PzKpfw IV lang	Pz IV/70	StuG	PzKpfw Panther	PzKpfw Tiger E und B	PzBefw
Anzahl	206	44	67	332	90	3

Der PzKpfw IV diente bis Kriegsende. Diese aufwendig getarnte Ausf. J trägt die Panzerschürzen neuester Bauart aus Maschendraht. Der Wirkung moderner Waffen war der Panzer trotzdem nicht mehr gewachsen. (Anderson)

Kampfwertsteigerung des M4 Sherman

Auf Seiten der Amerikaner und deren Verbündeter stellte der M4 Sherman die Masse der Kampfpanzer dar. Der M4 war bereits während der Entwicklung kompromisslos auf wirtschaftliche Massenproduktion ausgelegt, qualitative Nachteile bezüglich der Fahrzeugfederung oder des Panzerschutzes wurden bewusst in Kauf genommen. Stand 1943 noch die Ausweitung der Fertigung dieses wichtigsten Panzers im Vordergrund, so wurden bald in vielen Bereichen Verbesserungen gefordert. Insbesondere betraf dies die Durchschlagsleistung der Hauptbewaffnung. Im Sommer 1944 waren die mittleren M4 Sherman noch mit der 75-mm-Kanone ausgerüstet, die gegenüber den moder-

Der Panzer IV/70 (A) der Nibelungenwerke hatte einen deutlich höheren Aufbau als der Vomag Panzer IV/70, da er auf dem unveränderten Fahrwerk des PzKpfw IV basierte. Bei der Entwicklung dieses Panzers hatten Bewaffnung und Panzerschutz Priorität, die Beweglichkeit blieb dabei auf der Strecke. (Historyfacts)

VON DER NORMANDIE NACH DEUTSCHLAND 1944/45 175

Dieser Panther, ein Panzerbefehlswagen der Ausf. G, erklimmt einen Hügel. Seine überlange 7,5 cm war eine der besten Panzerkanonen des Zweiten Weltkrieges. Die starke Frontpanzerung gab dem Panzer ein hohes Schutzniveau. (Anderson)

nen, gut gepanzerten deutschen Panzern kaum Wirkung zeigten. Mitte des Jahres führten die amerikanischen Streitkräfte ein neues 76-mm-Geschütz mit wesentlich besseren Leistungen ein. Dieses Geschütz wurde in der zweiten Jahreshälfte in alle Versionen der laufenden M4-Produktion eingebaut.

Die Federung des M4 war von einfachster Bauart. Bis Mitte 1944 wurde das VVSS-Laufwerk mit außenliegenden vertikalen Kegelstumpffedern verwendet. Um dem gestiegenen Gewicht Rechnung zu tragen, wurde ein neues Laufwerk mit horizontalen Kegelstumpffedern (HVSS) eingeführt, das die Federungseigenschaften signifikant verbesserte. Eine neue wesentlich breitere Kette half den Bodendruck zu vermindern und sorgte für eine deutlich bessere Geländegängigkeit.

Neue Waffen, neue Panzer

Um auch die stärksten deutschen Panzern sicher bekämpfen zu können, folgte bald die Entwicklung und Einführung einer 90-mm-Waffe. Es war unmöglich, diese in den Turm

Typ	Medium Tank M4A3 76 mm	Gun Motor Carriage M36	Light Tank M24	Heavy Tank M26
Bewaffnung	76 mm, 2 MG	90 mm, 2 MG	75 mm, 2 MG	90 mm, 1 MG
Max. Durchschlagskraft	bis 127 mm auf 1.000 m	bis 190 mm auf 1.000 m	70 mm auf 500 m	bis 190 mm auf 1.000 m
Besatzung	5	5	5	5
Funk	ja	ja	ja	ja
Panzerung, frontal	bis 62 mm	bis 50 mm	bis 25 mm	bis 100 mm
Gewicht	32 t	28 t	18,3 t	42 t
Motorleistung	500 PS	450 PS	2 x 110 PS	500 PS
Höchstgeschwindigkeit	46 km/h	42 km/h	56 km/h	32 km/h
Leistungsgewicht	15,6 PS/t	16 PS/t	12 PS/t	11,9 PS/t
Bodendruck	k.A.	k.A.	k.A.	k.A.
Reichweite	bis 160 km	bis 240 km	bis 160 km	bis 150 km
Gebaute Stückzahl	1.925	ca. 1.300	ca. 4.700	ca. 2.200

176 PANZER IM EINSATZ

Auch der Tiger Ausf. B konnte das Kriegsglück nicht mehr wenden. Bewaffnung und Panzerschutz waren legendär. Die Versorgungslage und die durch das hohe Gewicht eingeschränkte taktische Beweglichkeit verhinderten oft einen erfolgreichen Einsatz. (Anderson)

des M4 Sherman einzubauen. Daher wurde eine Selbstfahrlafette mit einem größeren, oben offenen Drehturm entwickelt, die M36 GMC. Diese Panzer sollten sich bei den Panzerjäger-Einheiten der US Army sehr bewähren.

1945 folgte dann die Einführung des ersten modernen mittleren Kampfpanzers der Vereinigten Staaten, des M-26. Wanne und Turm entstanden in Gussbauweise, das Rollenlaufwerk war mit einer modernen Drehstabfederung versehen. Motor, Getriebe und Antrieb

Der Cromwell war ein guter und hochbeweglicher Panzer. Seine geringe Größe verhinderte den Einbau einer wirkungsvollen Kanone. Dem Panther blieb er trotz seiner 100-mm-Frontpanzerung weit unterlegen. (Gray)

VON DER NORMANDIE NACH DEUTSCHLAND 1944/45

Der Churchill sollte als Pionierfahrzeug sehr erfolgreich sein. Dieser Churchill AVRE war mit einem schweren Ladungswerfer zur Vernichtung befestigter Stellungen sowie einem Räumschild ausgestattet. (Doyle)

waren platzsparend hinten untergebracht. Der Panzer war sehr flach und kompakt. In einem großen Gussturm konnte die leistungsstarke 90-mm-Kanone eingebaut werden.

Ein neuer leichter Panzer

Die amerikanischen Streitkräfte waren mit einer großen Zahl von leichten Panzern (Light Tank M3) ausgerüstet, die sich sehr bewährten. Das Konzept dieser Panzer entstand noch vor dem Krieg. Die Erfahrungen im Wüstenkrieg ergaben, dass die leichten Panzer ebenfalls eine schwerere Bewaffnung brauchten. Der M3 und auch dessen Nachfolger M5 waren für eine derartige Kampfwertsteigerung nicht mehr geeignet. Somit wurde ein neuer leichter Panzer entwickelt. Der M24 entstand in ganz geschweißter Bauweise. Das moderne Rollenlaufwerk hatte eine Drehstabfederung. Der Turm war groß genug, um die alte 75 mm des Sherman zu tragen, eine große Feuerkraft für einen leichten Panzer. Der M24 sollte auch als Basis für eine Reihe von Selbstfahrlafetten dienen.

Weiterentwicklung der englischen Panzertruppe

England brauchte ab 1943 schnell kampfstarke mittlere Panzer. Eigene Entwicklungen waren nicht in Aussicht, deshalb wurde die Anschaffung des amerikanischen M4 Sherman be-

Brückenpanzer sollten den nachfolgenden Kampfpanzern in schwierigem Gelände das Vorwärtskommen ermöglichen. Hier fährt ein Sherman II über einen Churchill Ark. (Doyle)

Der Sherman Firefly trug die britische 76,2-mm-Hochleistungskanone. Bis ins Jahr 1945 war er der wohl erfolgreichste Panzer der westlichen Alliierten. Die seitlichen Panzerplatten schützten die Munitionsvorräte. (NARA)

schlossen. 17.000 M4 in allen Varianten wurden über das Lend-Lease-Programm geordert, ein Drittel der Gesamtproduktion.

Viele Panzer englischer Produktion waren noch mit der 57 mm ausgerüstet. Um diese Kanone zu ersetzen, führte das englische Militär zunächst auf Basis der 57-mm-Kanone ein eigenes 75-mm-Geschütz ein, das ab Mitte 1944 in verschiedenen Panzern eingebaut wurde. Die Durchschlagsleistungen waren allerdings nicht befriedigend. Daher wurde eine 76,2-mm-Hochleistungskanone entwickelt, die außergewöhnlich gute Leistungen zeigte.

Aufgrund seiner Größe konnte dieses Geschütz in die Türme der verfügbaren englischen Panzer nicht eingebaut werden. Daher wurden 2.000 M4 Sherman mit sehr gutem Erfolg auf dieses Geschütz umgerüstet.

Parallel wurden die eigenen Entwicklungen immer vorangetrieben. Die Cruiser-Bauart schien die besten Perspektiven zu haben. 1944 war der Cruiser Tank Mk VIII Cromwell als mittlerer Panzer durchkonstruiert. Fahrwerkstechnisch konnte der Panzer überzeugen, er war schnell und zeigte eine gute Beweglichkeit. Frühe Varianten waren mit der 57 mm oder ei-

Der A34 Comet trug eine wirkungsvolle 77-mm-Kanone. Der sehr bewegliche Panzer kann als Stammvater des erfolgreichen englischen Nachkriegspanzers Centurion gelten. (Doyle)

Der Light Tank M5 war der Nachfolger des M3. Der leichte Panzer wurde in geschweißter Bauweise produziert und hatte eine deutlich größere Wanne. (NARA)

ner 95-mm-Haubitze ausgerüstet. Die Größe des Turmes erlaubte auch den Einbau der 75-mm-Kanone. Diese konnte unter gewissen Umständen auch die modernen deutschen Panzer bekämpfen.

Um die leistungsstarke 76,2 mm in einen Panzer britischer Fertigung einzubauen, wurde der Churchill aufwendig umgebaut. Der Black Prince sollte sich nicht durchsetzen, er entsprach nicht mehr den Forderungen des modernen Bewegungskrieges. Erst mit dem Cruiser Tank A34 Comet sollte das Ziel eines modernen britischen mittleren Kampfpanzers erreicht werden. Der Panzer war sehr beweglich und trug in seinem Turm eine neue leistungsstarke 77-mm-Kanone.

Spezialpanzer

Während die Engländer Schwierigkeiten hatten, einen kampfkräftigen Kampfpanzer zu entwickeln, war ihr Beitrag auf dem Gebiet gepanzerter Pionierfahrzeuge umso größer. Auf Basis des M4 Sherman und vor allem des Churchills wurde eine Reihe von spezialisierten Pionierpanzern entwickelt, die sich während der kritischen Landungsphase bei der Invasion sehr bewährten. Unter diesen Fahrzeugen waren Flammenwerfer-Panzer, Minenräumer und Sturmpanzer mit schwersten Ladungswerfern zur Bekämpfung von Bunkern. Auch wurden Aufbauten geschaffen, die herkömmliche Kampfpanzer schwimmfähig machen konnten.

Typ	Sherman V Firefly	Cruiser Tank A27M Cromwell	Cruiser Tank A34 Comet
Bewaffnung	76,2 mm, 2 MG	75 mm, 2 MG	77 mm, 2 MG
Max. Durchschlagskraft	119 mm auf 1.000 m	bis 70 mm auf 500 m	119 mm auf 1.000 m
Besatzung	5	5	5
Funk	ja	ja	ja
Panzerung, frontal	Turm 75 mm, Wanne 50 mm	bis 101 mm	bis 101 mm
Gewicht	31 t	28 t	35 t
Motorleistung	370 PS	600 PS	600 PS
Höchstgeschwindigkeit	40 km/h	64 km/h	47 km/h
Leistungsgewicht	11,9 PS/t	21,5 PS/t	17,1 PS/t
Bodendruck	k.A.	k.A.	k.A.
Reichweite	bis 200 km	bis 260 km	bis 200 km
Gebaute Stückzahl	1.925	ca. 4.000	ca. 1.900

Mit dem M24 trat die Fertigung leichter Panzer in eine neue Phase ein. Mit einer 75-mm-Kanone war er sehr gut bewaffnet, das moderne Fahrwerk gab ihm eine sehr hohe Beweglichkeit. (NARA)

Das Ende im Westen

Im weiteren Verlauf stießen die amerikanischen und englischen Streitkräfte immer weiter auf das Reichsgebiet vor. Die waffentechnische Überlegenheit der deutschen Panzer schmolz dahin. Wo es zu Gegenstößen kam, wurden Jagdbomber und Artillerie zur Bereinigung eingesetzt. Diesem Ansturm waren die verbliebenen deutschen Panzer nicht gewachsen. Im Dezember kam es zu einer letzten Offensive im Bereich der Ardennen. Begünstigt durch schlechtes Wetter, das den Einsatz der gegnerischen Luftstreitkräfte verhinderte, konnten die deutschen Panzer zeitweise vorrücken. Der Erfolg dieser Offensive war von vornherein fraglich. Nach Zusammenbruch des Unternehmens „Wacht am Rhein" stand den Alliierten der Weg ins Reich offen.

Der M4A3 im Vergleich

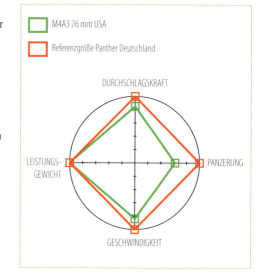

Auch dieser M4 ist unter der Sandsackpanzerung kaum erkennbar. Dies ist ein M4A3E8 mit dem neuen HVSS-Laufwerk und 76-mm-Geschütz. (NARA)

VON DER NORMANDIE NACH DEUTSCHLAND 1944/45

Auf dem Weg nach Deutschland waren die amerikanischen Truppen zur Improvisation gezwungen. Dieser M4-76-mm wurde mit Sandsäcken gegen die deutschen Nahkampfmittel wie Panzerfaust und Panzerschreck gepanzert. (NARA)

Der M18 Hellcat hatte eine Sonderstellung. Als hochmobiler Panzerjäger löste er die GMC M10 ab. Er war mit der neuen 76 mm ausgerüstet, die auch die moderneren M4 trugen. (NARA)

Hoffnungslos festgefahren wartet dieser M36 auf den Bergetrupp. Die neue 90-mm-Kanone ist gut erkennbar. Die Panzerung war zu schwach, der Panzer verließ sich auf die Reichweite seiner Bewaffnung. (NARA)

1945 wurden die ersten Heavy Tank M26 in den Einsatz geschickt. Die 90-mm-Kanone konnte es mit der Panzerung der schweren deutschen Panzer aufnehmen, der M26 war den deutschen Panther- und Tiger-Panzern somit in etwa ebenbürtig. (NARA)

Der M-26 im Vergleich

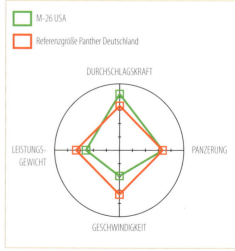

Bau und Einsatz von amphibischen Panzern wurden von den japanischen Streitkräften frühzeitig vorangetrieben. Der Typ 2 war der wichtigste, 184 Stück wurden gebaut. An Bug und Heck wurden Auftriebskörper angebracht, die nach der Anlandung entfernt wurden. (Takahashi)

Der Krieg im Pazifik 1941 bis 1945

Der Krieg im Pazifik begann als begrenzter japanisch-chinesischer Konflikt im Jahr 1937. Nach dem Überfall Japans auf Pearl Harbor am 7. Dezember 1941 erklärten die USA dem japanischen Kaiserreich den Krieg. Da dieser Angriff nur die Spitze einer sehr aggressiven Expansionspolitik Japans im Pazifik war, traten auch Großbritannien, Kanada und Australien an der Seite Amerikas in diesen Konflikt ein. In den nächsten Monaten sollten große Teile des pazifischen Raumes von den Japanern besetzt werden, darunter auch Kolonien wie Hongkong.

Aufgrund der geographischen Lage sollte der sich anbahnende Konflikt in keiner Weise mit dem Krieg auf dem europäischen Kriegsschauplatz vergleichbar sein. Die Masse der Kampfhandlungen fanden nicht auf dem Festland statt, das Kampfgebiet war über Teile des pazifischen Ozeans verteilt. Somit entwickelte sich hier ein Krieg der Carrier, der Flugzeugträger. Entscheidende Schlachten fanden nur auf dem Meer statt. Mitte 1942 konnte die Expansion Japans erstmalig gestoppt werden. Nun konnten die Streitkräfte der Alliierten zurückschlagen. In der Folge tobten auf den pazifischen Inseln harte Kämpfe.

Landstreitkräfte konnten nur in enger Zusammenarbeit mit der Flotte zu ihren Einsatzorten gebracht werden. Auch die Versorgung dieser Truppen war nur mit funktionierendem Nachschub über das Meer möglich. Hierin lag ein Risiko für jede Angriffsoperation, die beteiligten Versorgungschiffe konnten leicht aufgespürt und versenkt werden. Mit fortschreitender Dauer des Seekrieges erlangten die Alliierten die Oberhand und konnten auch die Versorgungswege der Japaner bedrohen und empfindlich stören.

Die von den Japanern besetzten Inseln mussten von der Flotte freigekämpft werden. Darauf folgten Landungsoperationen, die Inseln wurden in blutigen Dschungelkämpfen nach und nach erobert. Naturgemäß waren dem Einsatz von Panzern so enge Grenzen gesetzt. Sowohl Japaner als auch Alliierte nutzen Panzer, um Angriffe im unübersichtlichen Dschungel unter Panzerschutz voranzutreiben. Großangelegte Panzergefechte waren eher die Ausnahme.

Neue japanische Panzer

Die 1941 vorhandenen japanischen Panzer waren den moderneren Typen der Alliierten in keiner Weise gewachsen. Die japanische Industrie versuchte auf diese Herausforderung zu reagieren. Die in großer Zahl vorhandenen Panzer vom Typ 97 Chi-Ha waren vor dem Krieg entwickelt worden, ihre Grenzen traten bereits beim Konflikt mit Russland deutlich zu Tage. Das eingebaute 57-mm-Geschütz war nicht für den Einsatz gegen Panzer geeignet. Von diesem Panzer standen mehr als 1.000 zur Verfügung. 1941 konnte der Typ 97 durch den

Die Besatzung dieses Typ 2 Ka-Mi konnte die Schwimmkörper nach der Landung noch entfernen, dann wurde das Fahrzeug durch alliierte Truppen beschädigt und erbeutet. Der Turm mit der 37-mm-Kanone ist gut sichtbar, der Kamin hinten diente der Zufuhr von Verbrennungsluft. (Doyle)

Einbau einer leistungsstärkeren 47-mm-Kanone deutlich verbessert werden. Von diesem Typ 97 Kai wurden weitere 930 Exemplare gebaut.

Die Entwicklung des Typ 3 Chi-Nu kann als direkte Antwort auf die überlegene amerikanische Panzertechnik verstanden werden. Der Panzer war von modernerer Bauart und entstand vollständig in geschweißter Konstruktion. Die Panzerung betrug frontal nun 50 mm, eine 75-mm-Kanone wurde eingebaut. Diese Leistungen befähigten den Panzer zum Kampf gegen den M4 Sherman. Der Typ 3 wurde lediglich in Garnisonen in der Nähe von Tokio stationiert, Kraftstoff-Engpässe behinderten Ausbildung und Einsatz. Die Kapitulation Japans verhinderte schließlich endgültig den Einsatz dieses Panzers. Noch während der Produktion des Typ 97 Kai wurde ein Nachfolger entwickelt. Wie der Typ 3 sollte der Typ 4 Chi-To vollständig in geschweißter Bauweise entstehen. Das leistungsfähige Laufwerk wurde leicht verlängert übernommen. Eine leistungsgesteigerte 75-mm-Kanone kam zum Einbau, die dem Panzer gute Chancen beim Kampf gegen US-Panzer verliehen hätte. Es kam nur noch zum Bau von zwei Prototypen.

Bis 1945 wurden in Japan insgesamt nur etwa 6.500 Panzer produziert.

Typ	Typ 2 Ka-Mi Amphibienpanzer	Typ 3 Chi-Nu	Typ 4 Chi-To
Bewaffnung	37 mm, 2 MG	75 mm, 1 MG	75 mm lang, 2 MG
Max. Durchschlagskraft	k.A.	65 mm auf 500 m	75 mm auf 1.000 m
Besatzung	5–6	5	5
Funk	ja	ja	ja
Panzerung, frontal	bis 13 mm	bis 50 mm	bis 75 mm
Gewicht	12,3 t	19,1 t	30 t
Motorleistung	115 PS	240 PS	412 PS
Höchstgeschwindigkeit	37 km/h	39 km/h	45 km/h
Leistungsgewicht	9,2 PS/t	12,5 PS/t	13,7 PS/t
Bodendruck	k.A.	k.A.	k.A.
Reichweite	bis 160 km	210 km	bis 250 km
Gebaute Stückzahl	184	144	2 Prototypen

DER KRIEG IM PAZIFIK 1941 BIS 1945

Der Typ 96 Ha-Go wurde in verhältnismäßig großen Stückzahlen gebaut. Der leichte Panzer war nur leicht gepanzert und mit einer 37-mm-Kanone bestückt. (Doyle)

Alliierte Panzer im Pazifikraum

Wenn auch die meisten Schlachten von Schiffen und Flugzeugen geschlagen wurden, so waren Panzer bei der Eroberung der besetzten Inseln unabdingbar. Panzer konnten im Kampf gegen einen entschlossenen Gegner die eigenen personellen Verluste minimieren.

Im Juni 1944 wurde die von Japanern besetzte Insel Saipan angegriffen. Auf dieser kaum 20 km langen Insel waren auch Panzer stationiert. Daher wurden beim Angriff amphibische LVT (Landing Vehicle Tracked) sowie schwimmfähige M4 Sherman eingesetzt. Die großen LVT Transportpanzer waren sehr erfolgreich. Die Nutzlast lag je nach Größe zwischen 1,5 und 4 t. Somit konnten Fahrzeuge und Marineinfanterie leicht angelandet werden. Teilweise waren die leicht gepanzerten LVT auch mit Drehtürmen ausgerüstet, die mit 75-mm-Haubitzen oder 37-mm-Kanonen bestückt waren. Die amphibischen M4 waren nicht sehr seetüchtig, ihr Einsatz war risiko-

Dieser Typ 97 Kai trägt die verbesserte 47-mm-Kanone. Der Panzer wurde im Dschungelkampf vernichtend getroffen. (NARA)

Einen deutlich moderneren Eindruck macht dieser Typ 3 Chi-Nu. Der Panzer trug eine 75-mm-Kanone und sollte gegen die mittleren amerikanischen M4 eingesetzt werden. (Takahashi)

reich. Nach erfolgter Landung konnten die japanischen Panzereinheiten schnell aufgerieben werden.

Noch im Juli 1945 wurden die Inseln Borneos von australischen Truppen befreit. Dabei wurden britische Matilda-II-Panzer eingesetzt. Die langsamen und stark gepanzerten Fahrzeuge sollten sich sehr bewähren, das komplett abgedeckte Fahrwerk ermöglichte ein sicheres Vorgehen auch im dichten Dschungel. Wie in Afrika waren die englischen und australischen Streitkräfte auch im pazifischen Raum auf US-amerikanische Waffenhilfe angewiesen. So wurden neben dem M3 Grant auch der Light Tank M3 und der Medium Tank M4 in großen Stückzahlen genutzt.

Der erste Kontakt mit den amerikanischen M4 legte die Schwächen der frühen japanischen Panzer offen. Um schnell einen geeigneten Panzer zur Bekämpfung des M4 zu haben, wurde auf dem Fahrgestell des Typ 97 eine Selbstfahrlafette entwickelt, der Typ 1 Ho-Ni. Dieser Panzer trug die 75-mm-Waffe des Typ 3 Chi-Nu. (Takahashi)

Da die Panzer des Typs 3 Chi-Nu nur auf der japanischen Hauptinsel stationiert waren, kam es nicht zum Einsatz dieser Panzer. Da das japanische Kaiserreich kapitulierte, kam es dort nicht zu Kampfhandlungen. So wurden diese Fahrzeuge in der Kaserne erbeutet. (Takahashi)

Noch während der Produktion des Typ 3 Chi-Nu wurde klar, dass dieser weder hinsichtlich Panzerung noch Bewaffnung Bestmarken setzen würde. 1943 begannen Arbeiten an einem weiter verbesserten Panzer. Der Typ 4 Chi-To war mit maximal 75 mm besser gepanzert, die 75-mm-Langrohrkanone hätte eine Gefahr für jeden alliierten Panzer dargestellt. (Takahashi)

188 PANZER IM EINSATZ

Für amphibische Landungsoperationen standen Landungschiffe in verschiedenen Größen zur Verfügung. Hier verlässt ein Light Tank M5 ein Landing Ship Tank, ein spezialisiertes Landungschiff zum Panzertransport, und watet durch das Wasser in Richtung Strand. (NARA)

Der M4 Sherman war im Pazifikraum der kampfstärkste Panzer. Die „schwarze Orchidee", ein M4A3, wurde ab Werk mit zusätzlichen Panzerplatten ausgestattet, um die Munitionsvorräte zu schützen. Auf dem Turm sind die Erfolge des Panzers und seiner Besatzung sichtbar. (NARA)

DER KRIEG IM PAZIFIK 1941 BIS 1945

Unverwundbar war der M4 nicht. Dieser Panzer wurde trotz vorsorglich an der Front aufgeschweißter Panzerplatten mehrfach durchschlagen. (NARA)

Auf Basis des M4 Sherman wurden verschiedene Pioniervarianten entwickelt und eingeführt, darunter auch Flammenwerfer-Träger. Dieses Foto zeigt das brennende Flamm-Öl, das gegen befestigte Stellungen und Bunker fürchterliche Wirkung zeigte. (NARA)

Der M7 Priest mit seiner 105-mm-Feldhaubitze leistete für die Infanterie wertvolle Feuerunterstützung. Dieser Panzer wartet auf einem Landungsschiff auf das Anlanden und Ausladen. (NARA)

Zwei M10 Tank Destroyer sind aufgefahren, um Ziele unter Feuer zu nehmen. Diese Fahrzeuge haben ein „Deep Wading Kit" am Heck (eine Einrichtung zum Tiefwaten), ein Zeichen, das sie unlängst von Landungsschiffen entladen wurden. (NARA)

Dieser schwimmfähige M4A1 DD (Duplex Drive) wurde kurz nach dem Anlanden vernichtet, die bereits zusammengefaltete Segeltuchschürze ist verbrannt. Das Schwimmen mit DD Tanks war sehr gefährlich, die Wanne lag unter der Wasseroberfläche. (NARA)

Die amerikanischen Streitkräfte waren mit schwimmfähigen Transportpanzern, den LVT (Landing Vehicle Tracked) ausgestattet. Je nach Variante konnten diese Amphibien bis 30 Mann oder leichte Fahrzeuge und Geschütze transportieren. Andere Versionen wie dieser LVT (A) 1 trugen den Drehturm des M3 Light Tank mit einer 37-mm-Kanone. (NARA)

DER KRIEG IM PAZIFIK 1941 BIS 1945 193

Die australischen Verbände waren unter anderem mit Light Tank M3 ausgerüstet. Hier folgen Infanteristen dem vorsichtig vorfühlenden leichten Panzer. Hinter jedem Busch konnte ein Geschütz verborgen sein. (Library of Congress)

Diese australischen Panzermänner pflegen ihren Medium Tank M3 Grant. Auch dieser Panzer sollte sich im Pazifikraum bewähren, obwohl das fehlende Seitenrichtfeld der 75 mm in gewissen Situationen problematisch war. (Library of Congress)

DER KRIEG IM PAZIFIK 1941 BIS 1945

Der Chieftain sollte schließlich sowohl Centurion als auch Conqueror ablösen. Panzerung und Bewaffnung waren auf dem Niveau des Conquerors, seine Beweglichkeit war jedoch deutlich höher. (Ullstein)

Ausblick: der lange Weg zum Hauptkampfpanzer

Wie der Erste sollte auch der Zweite Weltkrieg in einer großen, nun fast globalen Katastrophe enden. Die bisherige Weltordnung war umgeworfen. Die großen Sieger des Krieges, die USA und die Sowjetunion, sollten in der Folge ihre Einflusssphären und Machtbereiche konsolidieren. Die Einen sorgten für den Aufbau ihnen freundlich gesonnener demokratischer Staatsformen, die Anderen stülpten den von ihnen befreiten oder okkupierten Staaten ihre Ideologie über.

AUSBLICK – DER LANGE WEG ZUM HAUPTKAMPFPANZER

Dieser M-26 wurde in Korea eingesetzt. Mit einer leistungsfähigen 90-mm-Kanone war der Panzer dem T-34/85 überlegen. (NARA)

Wieder waren die Arsenale gefüllt. Anders als 25 Jahre zuvor wurde nicht abgerüstet, der Kalte Krieg warf bereits seine Schatten voraus. Sowohl die USA als auch die Sowjetunion unterstützten ihre Partner und Vasallen, und so wurden die Armeen der unmittelbaren Nachkriegszeit in der Regel mit M4 Sherman und T-34/85 ausgestattet. Beide Panzer sollten noch Entwicklungspotenzial haben und zum Teil bis in die 1970er-Jahre Verwendung finden.

Die Entwicklung der Panzerwaffe hatte im Zweiten Weltkrieg einen unerhörten Schub bekommen und das sowohl in technischer als auch in taktischer Hinsicht.

Im Panzerbau setzten sich nach dem Krieg drei Konzepte durch. So wurden eine Reihe **leichter Kampfpanzer** entwickelt. Diese dienten unter anderem als Aufklärungsfahrzeuge und Panzerjäger, die Fahrwerke wurden gerne zur Schaffung von Unterstützungsfahrzeugen wie Flakpanzern herangezogen. Auf amerikanischer Seite kann hier der M41, auf russischer der PT-76 genannt werden.

Als Hauptträger der Kämpfe hatte sich der **mittlere Kampfpanzer** durchgesetzt. Die Panzerstärken hatten sich hochgeschaukelt. Der frontale Panzerschutz betrug nun bis zu 100 mm, damit wurde ein hohes Schutzniveau erreicht. Interessant ist hier der Vergleich der verschiedenen Philosophien. Deutschlands mittlerer Kampfpanzer Panther wog 46 t, der amerikanische M4A3E8 33 t und der T-34/85 ca. 30 t. Dieses Missverhältnis sollte sich fortsetzen. Der geplante deutsche Panther II sollte 50 t wiegen, der M26 brachte schon 42 t auf die Waage, und auf russischer Seite wog der T-44 32 t, seine Nachfolger T-54 dann 36 t.

Grundsätzlich beeinflusste das gestiegene Gewicht natürlich die Beweglichkeit, jedoch konnte dies durch moderne Antriebskonzepte und -aggregate zum Teil ausgeglichen werden. Der Antriebsstrang der modernen Nachkriegsentwicklungen war im Heck untergebracht, Getriebe und Motor waren eng zusammengeflanscht und verbrauchten wesentlich weniger Platz.

Auch die Panzerkanonen folgten dieser Entwicklung. Hochleistungsgeschütze mit leistungsfähiger Munition erlaubten die Bekämpfung der meisten gegnerischen Panzer auf 1000 m Entfernung und mehr. Der Kampfwert der Nachkriegspanzer wurde weiterhin durch den

Einbau von stereoskopischen oder Raumbild-Entfernungsmessern erhöht. Die später folgende Ausrüstung mit Infrarot-Sichtgeräten erlaubte den Kampf in der Dunkelheit. Die Stabilisierung des Geschützes in der Seite und Höhe ermöglichte das „Festhalten" eines Zieles während der Fahrt, zumindest theoretisch.

Auch die Entwicklung **schwerer Panzer** wurde weiter vorangetrieben, wenn diese auch nur in verhältnismäßig kleinen Stückzahlen produziert wurden. Wie bei den mittleren Panzern setzte eine Rüstungsspirale ein, die bis weit in die 1960er-Jahre wirken sollte. Das Vorhandensein des schweren russischen Panzers JS-2, der bald zum T-10 weiterentwickelt werden sollte, führte auf amerikanischer Seite ab 1952 zur Entwicklung und Einführung des M103. Ausgestattet mit einer 120-mm-Kanone und schwerster Panzerung sollte dieser 65-Tonner die schweren russischen Panzer auf weite Entfernungen bekämpfen.

Auf englischer Seite wurde aus denselben Gründen ab 1955 der schwere Conqueror eingeführt. 200 Fahrzeuge standen bei der britischen Rheinarmee.

Aufgrund ihres hohen Gewichtes sollten sich weder der M103 noch der Conqueror bewähren, beide zeigten eine unzureichende taktische Beweglichkeit, Geländegängigkeit und Zuverlässigkeit. Zu Kampfeinsätzen kam es nie. Ihr Widersacher, der schwere russische Panzer T-10, wurde in wesentlich größeren Stückzahlen hergestellt (ca. 3.000 Stück). Dank seines um knapp 15 t geringeren Gewichts verfügte er noch über eine gewisse Beweglichkeit, sein Kampfwert kann im Nachhinein als gut bezeichnet werden. Im scharfen Einsatz im Jom-Kippur-Krieg relativierte sich das jedoch, das Konzept war veraltet. Die Einführung leistungsstarker Panzerabwehrraketen führte Ende der 1960er-Jahre zur allgemeinen Ausmusterung der schweren Panzer. Lediglich die sowjetische Armee, die sich nicht um wirtschaftliche Belange kümmern musste, behielt ihre schweren Panzer noch 20 Jahre einsatzbereit in Reserveeinheiten.

Die Zukunft gehörte dem **Main Battle Tank**, zu Deutsch: Hauptkampfpanzer. Dank der Entwicklung leistungsstarker Geschütze und entsprechender Munition sowie neuer gewichtssparender Schutztechniken ersetzten diese um 1970 in den meisten Armeen die leichten, mittleren und schweren Panzer.

Nachkriegsentwicklungen in den USA

Die mittleren Panzer M26, M46, M47, M48

Zum Ende des Zweiten Weltkrieges war der M26 in der Produktion und zunächst als schwerer Panzer klassifiziert. Anders als beim

Der M47 war für die USA nur eine Übergangslösung. Gegenüber den Vorgängermodellen M26 und M46 zeigte der Panzer deutliche Verbesserungen, so einen stereoskopischen Entfernungsmesser und eine optimierte Turmform. Die meisten Fahrzeuge gingen in den Export, so wie dieser Panzer der Bundeswehr. (Anderson)

Beim M-48 konnte der Panzerschutz weiter verbessert werden. Turm und Wannenbug wurden nun rund und geschossabweisender geformt. Dieser Panzer der US Marines zeigt die neue MG-Kuppel, die ein cal .50 MG trug. Die 90-mm-Kanone wurde unverändert eingesetzt, abgesehen von unterschiedlich geformten Mündungsbremsen und der Einführung eines Rauchabsaugers.
(Library of Congress)

M4 Sherman basierte die Entwicklung dieses Panzers nicht auf vorhandenen Entwürfen, sondern konnte konsequent neu erfolgen. Der M26 nahm viele Merkmale späterer amerikanischer Entwicklungen vorweg. Der Antriebsstrang konnte komplett im Heck untergebracht werden, was die Wanne flach und verhältnismäßig klein hielt. Das Fahrwerk war nun drehstabgefedert und wesentlich leistungsfähiger. Als Bewaffnung stand eine 90-mm-Kanone zur Verfügung, die annehmbare Leistungen zeigte und noch 20 Jahre später im Einsatz stehen sollte. Der M-26 zeigte sich damit den aktuellen deutschen Panzern im Kampf gewachsen.

Die Entscheidung, den M26 mit dem Motor des M4 zu versehen, erwies sich hingegen als fatal. 500 PS waren zu schwach für ein Gefechtsgewicht von 45 t, die Beweglichkeit war unbefriedigend. Auch zeigte das Getriebe eine hohe Anfälligkeit. Somit wurde bereits 1948 an einer Weiterentwicklung gearbeitet. Der daraus entstehende M46 sollte deutlich bessere Leistungen zeigen, der neue Motor leistete 810 PS, das Getriebe war standfester. Der Panzer sollte seine Feuertaufe in Korea erhalten, wo er sich als dem T-34/85 überlegen zeigte. Gleichzeitig wurden sowohl M26 und M46 als mittlere Panzer neu klassifiziert, da die Einführung des M103 als schwerer Panzer bevorstand.

In den 1950er-Jahren kam der M46 leistungsmäßig an seine Grenzen, schließlich basierte er auf einem Entwurf aus Zeiten des Zweiten Weltkrieges. Die Entwicklung eines Nachfolgemodells war bereits beschlossen. Um kurzfristig neben dem eigenen Bedarf auch Exportanfragen befriedigen zu können, wurde ab 1951 auf Basis des M46 der M47 entwickelt, eine reine Zwischenlösung. Während die Wanne nur Detailverbesserungen zeigte, wurde ein komplett neuer Turm eingeführt. Im US-Dienst blieb der M47 nur kurze Zeit, als Exportmodell sollte er an Deutschland und mehr als 20 weitere Staaten geliefert werden.

Bereits 1952 begann die Produktion des Nachfolgemodells M48. Die Wanne wurde vollständig überarbeitet und zeigte nun eine halbrunde Front. Motor, Getriebe und Laufwerk des Vorgängers zeigten sich als leistungsfähig genug, um leicht modernisiert übernommen zu werden. Der Turm war kuppelförmig ausgelegt und bot nun deutlich mehr Platz. Damit wurde die Möglichkeit geschaffen, die 90-mm-Kanone des M48 bei Bedarf durch ein leistungsfähigeres Geschütz zu ersetzen.

Der M48 wurde schließlich in über 12.000 Exemplaren produziert. Auch dieser Panzer sollte in den Export gehen. Im scharfen Schuss nutzten die USA den Panzer in Vietnam und

Der M41 Walker Bulldog war eine Weiterentwicklung des erfolgreichen M24 Chaffee. Auch dieser Panzer wurde mit Erfolg eingesetzt und an die Streitkräfte verschiedener Staaten geliefert. Mehr als 5.000 Stück wurden ab 1951 gebaut. (Anderson)

Israel im Sechstagekrieg. Der M-48 sollte sich im Rahmen seiner Möglichkeiten gut bewähren, und konnte bis in die 1990er-Jahre wechselnden taktisch-technischen Ansprüchen ständig angepasst werden. So konnte zum Beispiel der Kampfwert des M48A2C der Bundeswehr durch den Einbau der britischen 105-mm-L7-Kanone des Leopards deutlich gesteigert werden.

Sowjetunion, ein Nachfolger für den T-34

Zum Kriegsende standen noch Tausende von T-34 im aktiven Dienst, darunter viele frühe 76-mm-Modelle. Die Fertigung des Panzers lief nach dem Krieg noch einige Zeit weiter. Nach Einstellung der Fertigung wurden in den 1950er-Jahren Lizenzen an Polen und die CSSR vergeben, bis 1956 wurden weitere 4.500 Panzer produziert. Der T-34 wurde an eine Reihe weiterer Staaten geliefert und in zahllosen Konflikten eingesetzt.

Das erfolgreiche Konzept des T-34 kam zum Ende des Zweiten Weltkrieges an seine konstruktiven Grenzen. Eine Weiterentwicklung in Sinne einer Kampfwertsteigerung war kaum möglich. Mitte 1944 begannen Bestrebungen, einen Nachfolger zu entwickeln. Der T-44 konnte noch vor Ende des Krieges fertiggestellt werden und war dem T-34 äußerlich sehr ähnlich. Die Wanne wurde jedoch völlig neu gestaltet, die Frontpanzerung deutlich verstärkt. Auch konnte der Panzer gegenüber dem T-34 deutlich flacher gebaut werden. Eine leistungsfähige Drehstabfederung verbesserte die Beweglichkeit. Dank des quer eingebauten Motors konnte kostbarer Raum eingespart werden. Turm und Bewaffnung wurden im Wesentlichen unverändert vom Vorgängermodell übernommen. Aufgrund einer deutlich reduzierten Teilezahl und der einfacheren Wannenform war seine Fertigung wirtschaftlicher als die des T-34/85.

Der T-44 wurde in kleiner Stückzahl (ca. 600) gebaut. Gegenüber dem Vorgängermodell stellte der T-44 eine deutliche Verbesserung dar. Die 85-mm-Kanone war hingegen nicht mehr auf dem aktuellen Stand. Versuche, den T-44 mit einer 100-mm- oder gar 122-mm-Kanone auszustatten, verliefen erfolglos.

T-54 und T-55

Aus diesem Grund wurde ab 1945 ein neuer Kampfpanzer entwickelt, der T-54. Die Erfahrungen mit den T-34 und T-44 hatten ergeben, das für den Einbau einer schwereren Hauptbewaffnung ein deutlich größerer Turm erforderlich war. Unter dieser Prämisse wurde der T-44

202 AUSBLICK – DER LANGE WEG ZUM HAUPTKAMPFPANZER

Der T-34 wurde nach dem Zweiten Weltkrieg noch lange weiterverwendet. Dieser Panzer, vermutlich eine tschechische Lizenzproduktion, stand in Diensten der NVA. (Anderson)

Der T-44 war eine Weiterentwicklung des T-34. Während Turm und Waffenanlage unverändert übernommen wurden, wurde die Wanne vereinfacht und stärker gepanzert. Dieser Panzer ist ein modifizierter T-44M, erkennbar unter anderem an den Ketten. (Anderson)

gründlich überarbeitet. Die Wanne wurde leicht vergrößert und in Details verbessert. So wurde ein neuer, leicht stärkerer Motor eingebaut. Der Turm war nun deutlich größer, seine Form war bei den Serienfahrzeugen schildkrötenförmig und geschossabweisend. Die Panzerung war sehr gut, die Turmfront erreichte 200 mm.

Als Bewaffnung wurde eine 100-mm-Kanone gewählt, die gute Durchschlagsleistungen erzielte.

Der T-54 wurde ab 1950 ausgeliefert. Mehr als 40.000 Stück wurden hergestellt, die von vielen Armeen genutzt wurden und zum Teil noch heute im Einsatz stehen.

Gegen Ende der 1950er-Jahre wurde der T-54 von Grund auf neu konzipiert, um den gestiegenen Anforderungen zu entsprechen. Der Panzer wurde der aktuellen Bedrohungslage angepasst und war nun ABC-sicher: Der Panzer und seine Besatzung konnten also z.B. eine atomare Explosion überstehen.

Dieses interessante Foto zeigt einen T-44/122 im Vergleich zum mittleren deutschen Panzer Panther. Besonders eindrucksvoll ist die massive 122-mm-Kanone. Der Einbau dieser mächtigen Waffe erforderte eine Verlegung des Fahrersitzes und war nicht praktikabel. (Netrebenko)

Der T-55 war die logische Weiterentwicklung eines erfolgreichen Entwurfs. Die Waffenanlage zeigte nun einen Rauchabsauger und ein Infrarot-Scheinwerfer erlaubte den Kampf bei Dunkelheit. Die am Heck mitgeführten Kraftstofffässer vergrößerten den Aktionsradius. Das Rohr über den Fässern ist ein Schnorchel, das Fahrzeug war nämlich auch tauchfähig. (Netrebenko)

Mit dem T-54 begann eine neue Ära des Panzerbaus. Gut gepanzert und mit einer wirkungsvollen 100 mm bewaffnet stellte dieser Panzer eine gefährliche Herausforderung für die westlichen Armeen dar. (Netrebenko)

206 AUSBLICK – DER LANGE WEG ZUM HAUPTKAMPFPANZER

Der T-10 stand als schwerer Panzer viele Jahre in russischen Diensten. Als im Zuge der technischen Entwicklung die modernen mittleren Panzer ein ähnliches Schutzniveau und eine noch bessere Waffenwirkung erreichten, waren seine Tage gezählt. Hinter dem T-10 ist sein Nachfolger erkennbar, der T-64. (Anderson)

Die Leistung des Motors wurde auf 580 PS erhöht. Eine modernere Feuerleitanlage und eine Nachtsichteinrichtung verbesserten die Leistungen der 100-mm-Hauptbewaffnung.

Äußerlich kaum vom Vorgänger zu unterscheiden, erhielt das neue Modell die Bezeichnung T-55. Von diesem Panzer wurden zwischen 80.000 und 100.000 Exemplare gebaut, somit dürfte dem T-55 das Prädikat „meistgebauter Panzer aller Zeiten" zustehen.

Der T-55 wurde an über 50 Staaten geliefert. Seine einfache Konstruktion erlaubte weitreichende Kampfwertsteigerungen. So wurden diverse Verbesserungen der Panzerung entwickelt. Die 100 mm konnte auch für den Verschuss von Lenkflugkörpern umgerüstet werden.

England, ein neuer Cruiser-Panzer

Während des Zweiten Weltkrieges waren die Engländer auf amerikanische Waffenhilfe angewiesen. Nach dem siegreichen Ende wurde die Arbeit an der erfolgreichen Cruiser-Serie wieder verstärkt aufgenommen. Der zum Kriegsende verfügbare A34 Comet mit seiner 77-mm-Kanone war jedoch allenfalls eine akzeptable Übergangslösung im Rahmen der technischen Möglichkeiten.

Bereits ab Mai 1944 wurde ein neuer mittlerer Panzer, der A41, entwickelt. Dieser zeigte eine Reihe fundamentaler Änderungen. So wurde die Wannenfront schräg gestaltet, wodurch der Panzerschutz merklich verbessert werden konnte. Auch der Turm wurde vergrößert, was den späteren Einbau schwerer Geschütze erlauben sollte.

Zunächst kam die 17 pdr (76,2 mm) zum Einbau, die meisten Serienmodelle konnten dann mit der stärkeren 20 pdr (84 mm) ausgerüstet werden. Das auf 48 t gestiegene Gewicht überforderte jedoch die Möglichkeiten des bisher verwendeten Christie-Laufwerks. Ein neues Laufwerk mit außenliegenden horizontalen Schraubenfedern (System Horstmann) fand nun Verwendung.

Mit dem A41, oder Centurion, gelang es den Engländern, die Vorzüge der beweglichen

Israel verwendete den Centurion in großer Zahl. Die geringe Geschwindigkeit des Panzers nahm man bewusst in Kauf. Dieser Mk V zeigt bereits die 105 mm, die auch die sichere Bekämpfung der modernen russischen Panzer T-54, T-55 und T-62 erlaubte. (Ullstein)

Der Conqueror wurde als Antwort auf die schweren russischen Panzer entwickelt. Panzerung und Bewaffnung waren auf sehr hohem Niveau. Aufgrund des hohen Gewichts war die Geländegängigkeit dieses schweren Panzers allerdings unbefriedigend. (Doyle)

ENGLAND, EIN NEUER CRUISER-PANZER

Der britische Centurion war ein sehr leistungsfähiges Kampffahrzeug. Als erster Panzer englischer Fertigung zeigte er eine geschossabweisende Frontplatte mit sehr hoher Panzerstärke. Die anfänglich verwendete 84-mm-Panzerkanone wurde bald durch die legendäre 105-mm-L7 ersetzt. (Anderson)

210 AUSBLICK – DER LANGE WEG ZUM HAUPTKAMPFPANZER

ENGLAND, EIN NEUER CRUISER-PANZER   211

Der AMX-30 war ein moderner und gut bewaffneter Panzer, der dem Vergleich mit dem russischen T-55 und dem deutschen Leopard standhielt. Dem Kommandanten stand ein ferngelenktes MG zur Verfügung. (Kadari)

Der M48A2C wurde in großen Stückzahlen bei der Bundeswehr eingesetzt. Diese Panzer wurden vermutlich in Munster fotografiert. Sie zeigen einige deutsche Änderungen, so die Nebelkörperwurfvorrichtung am Turm. (Historyfacts)

Cruiser-Tanks mit dem hohen Panzerschutz der Infantry-Tanks zu verbinden. Das robuste Laufwerk war leicht zu reparieren, war aber einer modernen Drehstabfederung deutlich unterlegen. Der englische Panzer der Neuzeit hatte nur eine geringe Geschwindigkeit, sowohl auf der Straße als auch im Gelände.

Der Panzer konnte durch zahlreiche Kampfwertsteigerungen immer wieder angepasst werden. Die wichtigste Änderung war wohl die Einführung der 105-mm-L7-Kanone. Dieses Geschütz war eine direkt Antwort auf das gestiegene Bedrohungsszenario durch den T-54, der mit den bisherigen 84-mm-Geschützen nicht mehr sicher bekämpft werden konnte. Das neue Geschütz erwies sich als derart leistungsfähig, dass es von den westlichen Bündnispartnern auf Anhieb angenommen wurde. Sowohl der M60 als auch der deutsche Leopard wurden mit dieser Kanone ausgerüstet.

Der Centurion war ein sehr erfolgreicher Exportpanzer, er sollte seine Qualitäten besonders in israelischen Diensten zeigen. Der gegenwärtige israelische Hauptkampfpanzer Merkava zeigt noch viele Merkmale, die vom Centurion inspiriert wurden.

Der Centurion wurde in den 1960er-Jahren durch den Chieftain ersetzt. Dieser Panzer übertraf den Centurion in allen technisch-taktischen Parametern. So wurde beim Chieftain eine 120-mm-Kanone eingeführt, damals die wohl leistungsfähigste Panzerkanone. Die Panzerung konnte deutlich verstärkt werden und trotz des höheren Gewichts war seine Geländegängigkeit besser.

Frankreich, für die Nation

Erste Nachkriegsentwürfe

Frankreich wollte nach dem Krieg schnellstens versuchen, eine eigene, wirksame Panzerwaffe aufzubauen. Direkt nach der Befreiung wurde eine Panzereinheit mit 17 erbeuteten deutschen Panzern vom Typ Panther aufgestellt.

Bereits während des Krieges wurde im Geheimen an der Fortführung der eigenen Waffen- und Panzerproduktion gearbeitet. Anstatt die (möglicherweise unentgeltliche) Anschaffung amerikanischer M4 Sherman anzustreben, wurden sämtliche vorhandene Kapazitäten in den Aufbau einer eigenen Panzerproduktion gesteckt, bereits 1945 begann der Bau eines ersten Nachkriegspanzers. Unter Nutzung von Komponenten des Fahrgestells des Vorkriegspanzers Char B1 wurde der ARL 44 in kleiner Serie (60 Stück) ausgeliefert.

Der Kanonenjagdpanzer, oder KaJaPa, wie er von seiner Besatzung oft genannt wurde: Die 90-mm-Panzerkanone war bis zum Auftreten der russischen T-64- und T-72-Panzer eine wirkungsvolle Waffe. (Historyfacts)

Die angespannte Lage zwang zur Nutzung von erbeuteten deutschen Maybach- HL-230-Motoren, wie sie im Panther verwendet wurden. Der 50 t schwere ARL 44 hatte eine sehr starke Panzerung und war mit einer 90-mm-Kanone ausgestattet. Der Panzer ersetzte ab 1950 die Panther, sollte sich jedoch nicht bewähren.

Ein weiterer Panzer, der AMX-50, wurde bis Ende der 1950er-Jahre entwickelt. Schwer gepanzert und entweder mit einer 100-mm- oder 120-mm-Kanone ausgerüstet, übertraf dieser Panzer leistungsmäßig die aktuellen englischen und amerikanischen Entwürfe, zumindest auf dem Papier. Mit dem Ausbruch des Koreakrieges wurden die hochfliegenden Produktionspläne hinfällig. Als in den USA die Entscheidung fiel, den M47 zugunsten des besseren M48 auszumustern, konnte dieser den westlichen Alliierten kostenlos überlassen werden.

AMX-30

Die Entwicklungsarbeit am AMX war nicht ohne Nutzen für die französische Rüstungsindustrie. Mitte der 1950er-Jahre begannen Bestrebungen, ein Nachfolgemodell für den M47 zu entwickeln. Der Hintergrund dafür war die Absicht, einen europäischen Standardpanzer zu entwickeln. Auch auf deutscher Seite entstand zur gleichen Zeit ein Standardpanzer – später Leopard genannt.

Verglichen mit den Panzern anderer Staaten war der AMX-30 schwach gepanzert dafür aber hochbeweglich. Die Bewaffnung bestand aus einer französischen 105-mm-Kanone.

Vom AMX-30 sollten ca. 3.500 Exemplare gebaut werden, und er diente auch als Grundlage für diverse Unterstützungsfahrzeuge, darunter Flakpanzer und Panzerhaubitzen.

Deutschland, ein neuer Anfang

Der Weg zum Leopard

Deutschland wurde bald nach Ende des Krieges Mitglied der Nato. Im Zuge des Kalten Krieges erfolgte eine zügige Aufrüstung. Zunächst wurden von den USA M47 Panzer

214 AUSBLICK – DER LANGE WEG ZUM HAUPTKAMPFPANZER

Leopard-Panzer während einer Parade. Dieser Panzer sollte die Tradition deutscher Panzerfertigung erfolgreich fortführen. Der Leopard stellte eine gelungene Mischung aus hoher Feuerkraft und maximaler Beweglichkeit dar. Der Panzerschutz spielte bei der Entwicklung eine untergeordnete Rolle, da zur Zeit seiner Einführung keine Schutztechnik gegen Hohlladungsmunition verfügbar war. (Historyfacts)

DEUTSCHLAND, EIN NEUER ANFANG 215

216 AUSBLICK – DER LANGE WEG ZUM HAUPTKAMPFPANZER

Dieser britische Matilda II gehörte den australischen Streitkräften. (Doyle)

zur Verfügung gestellt, die bald durch M48 ergänzt wurden.

Ab 1956 beteiligten sich deutsche Rüstungsfirmen an der Ausschreibung für einen europäischen Standardpanzer. Im Vordergrund stand damals eine größtmögliche Beweglichkeit, der Panzerschutz war sekundär. Daher sollte der Panzer die 30 t nicht überschreiten.

1963 war der Kampfpanzer Leopard bereit zur Massenfertigung. Der Panzer hatte ein Gewicht von 42 t und konnte mit der britischen 105-mm-Kanone ausgestattet werden. In Vergleichstests mit dem französischem AMX-30 schnitt die deutsche Entwicklung auf allen Gebieten besser ab. Zu einer gemeinsamen europäischen Fertigung kam es allerdings nicht mehr, die Gemeinsamkeiten waren vorüber und auch nationale Ressentiments wollten berücksichtigt werden.

Vom Kampfpanzer Leopard sollten bis 1984 ca. 4.700 Exemplare gebaut werden. Der Panzer erwies sich als Exportschlager, er konnte aufgrund seiner Konzeption leicht an individuelle Ansprüche angepasst werden. Der Leopard wurde im Laufe seines Einsatzlebens mehrfach kampfwertgesteigert, diese Maßnahmen betrafen im Wesentlichen die Feuerleitanlage und den Panzerschutz. Anders als die meisten zeitgenössischen Panzer anderer Nationen sind viele Leopard noch im aktiven Einsatz.

Kanonenjagdpanzer

Ein weiterer interessanter Panzer der Bundeswehr war der Kanonenjagdpanzer. Dieses turmlose Fahrzeug ähnelte den Sturmgeschützen der deutschen Wehrmacht. Wie diese sollte der Kanonenjagdpanzer die Infanterie unterstützen. Mit einer 90-mm-Kanone ausgestattet, konnten in einer flexiblen Verteidigung gegnerische Panzer aus verdeckten Stellungen heraus bekämpft werden.

Zwischen 1965 und 1967 wurden 770 KaJaPa produziert. Mit Erscheinen der moderneren russischen Panzer wurde die Hauptbewaffnung obsolet. Daher wurden 162 Fahrzeuge zu Raketenjagdpanzern umgerüstet.

Bibliografie

Der Markt biete eine große Auswahl ähnlich gearteter sowie spezifischerer Publikationen. Ich möchte dem interessierten Leser vor allem die Publikationen des unlängst verstorbenen Tom Jentz ans Herz legen. Die Panzer Tracts Serie ist ideal, um das Wissen über die Entwicklung der deutschen Panzer zu vertiefen. Weiterhin verwendete Literatur:

Die Panzertruppen, Heinz Guderian,
    Verlag S. Mittler, 1936
Panzer Tracts, diverse Ausgaben, Tom Jentz,
    www.panzertracts.com
Heigl's Taschenbuch der Tanks, Lehmanns
    Verlag, 1935
The Tank to 1 September 1939, Aufsatz von
    T. H. Erbe, NARA

Danksagung

Ich danke folgenden Personen, die mir mit größtenteils unveröffentlichtem Fotomaterial halfen:

Florian von Aufseß, Deutschland
David Doyle, USA
Darren Neely, USA
Daniele Guglielmie, Italien
Fraser Gray, England
A. Bumüller, Deutschland
Henry Hoppe, Deutschland
Karlheinz Münch, Deutschland
Wolfgang Schneider, Deutschland
Joachim Baschin, Deutschland
Lutz Konetzny, Deutschland
Markus Zöllner, Deutschland
Yuri Pasholok, Russland
Akura Takahashi, Japan

Weiteres Fotomaterial konnte aus dem NARA, Washington sowie der Library of Congress bezogen werden.

Hier ist ein großer Teil der 1941 verfügbaren amerikanischen Panzer aufgefahren. In einem unerhörten Kraftakt hatten die USA eine Rüstungsindustrie aufgebaut, die letztendlich den Krieg entscheiden sollte.
(Library of Congress)

Schlachten, Technik, Feldherren

Alle 2 Monate neu am Kiosk!

Online blättern oder Testabo mit Prämie bestellen unter:
www.clausewitz-magazin.de/abo

Ebenfalls erhältlich …

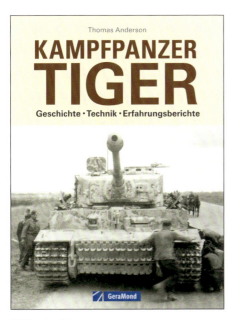

ISBN 978-3-86245-731-1

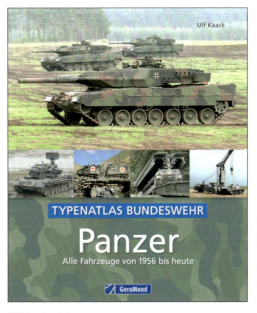

ISBN 978-3-86245-574-4

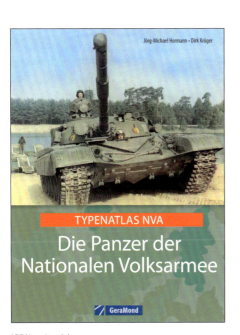

ISBN 978-3-86245-741-0

ISBN 978-3-86245-670-3

www.geramond.de

Ebenfalls erhältlich …

ISBN 978-3-86245-701-4

Hier fehlt nichts: Die komplette Entwicklung der deutschen U-Boote von der Kaiserlichen Marine über die Kriegsmarine bis zur Deutschen Marine.

ISBN 978-3-86245-742-7

Von den Anfängen der Reichsmarine bis zum Ende der Kriegsmarine. Ein Muss für Schiffsliebhaber, Militärinteressierte und Marinekameraden!

www.geramond.de

Ein M3 Medium in voller Fahrt. Dieser Panzer entstand in kurzer Zeit aus vorhandenen Komponenten, er war den deutschen Panzern des Jahres 1942 aber durchaus gewachsen. (Library of Congress)